CONTRÔLE des CONNAISSANCES

Jeannette D. Bragger
The Pennsylvania State University

Donald B. Rice
Hamline University

HH
Heinle & Heinle Publishers
A Division of Wadsworth, Inc.
Boston, Massachusetts 02116 USA

ISBN: 0-8384-3897-0

10 9 8 7 6 5 4 3 2

TABLE DES MATIERES

Chaque **Mise au point** comprend:
- un **Test**
- un **Rappel** (explication de grammaire)
- quelques **Exercices de révision**
- un **Repêchage** (un second test)

TO THE STUDENT

This **Contrôle des connaissances** booklet consists of twenty-four modules (called **Mise au point**), each centered around a grammatical structure frequently studied in beginning French. Each module starts with a test designed to show how well you have learned and remember the particular structure. When you complete each test, you are to correct it, using the answers provided at the end of this booklet. If your score is 80% or better, you have passed the test. If your score is below 80% *or* if you feel the need for further review, you should go to the **Rappel** section that immediately follows the test. There you will find a short grammatical explanation as well as two or three exercises aimed at helping you become comfortable using the structure. After doing and correcting these exercises, you should do the re-test (called **Repêchage**) that will allow you to verify that you have now understood the structure. If your score is still below 80%, you should check the box provided to indicate that you are still having trouble with the structure and then get some help as soon as possible. The answers to the review exercises and the re-test are also found at the back of this booklet.

MISE AU POINT 1   Le présent de l'indicatif

Test

Complete the following conversations, conjugating the verbs in parentheses in the present tense.

1. — Est-ce que Jacques (aller) _____ nous accompagner?

   — Non, il ne (pouvoir) _____ pas.

2. — Tu (aimer) _____ les tartes et les gâteaux?

   — Oh, pas tellement. Je (prendre) _____ rarement le dessert.

3. — Qu'est-ce que vous (faire) _____ là?

   — Nous (remplir) _____ les formulaires nécessaires.

4. Vincent (demander) _____ : «Tu (partir) _____ tout de suite?»

   Claire (répondre) _____ : «Non, il (pleuvoir) _____ à

   grosses gouttes.»

5. — Pourquoi est-ce qu'elles ne (vouloir) _____ pas venir avec nous?

   — Aucune idée. Elles (faire) _____ toujours des excuses.

6. — Pourquoi est-ce que Dominique et Francine ne (sortir) _____ pas ce soir?

   — Francine (devoir) _____ s'occuper de son petit frère.

7. — Vous (savoir) _____ le nom de la station de métro la plus proche?

   — Non, nous n' (habiter) _____ pas le quartier.

8. — Ils (savoir) _____ ce qui se passe?

   — Je n' (avoir) _____ aucune idée.

9. — Pourquoi est-ce que tu (être) _____ toujours vêtu en bleu?

   — C'est ma femme qui (choisir) _____ mes vêtements.

10. — Attention! Je (aller) _____ reculer.

    — Non, non. Nous (être) _____ derrière toi!

11. — Pourquoi est-ce qu'elle (passer) _____ toute la journée à la maison?

    — Il ne (faire) _____ pas très beau dehors.

12. — Est-ce que vous (vouloir) _____ venir ce soir?

    — Je ne (pouvoir) _____ pas vous donner une réponse maintenant.

13. — Elles (avoir) _____ le temps de nous aider?

    — Je ne (savoir) _____ pas.

14. — Yvonne (sortir) _____ avec le frère de Sophie?

    — Ah, oui. Ils (être) _____ toujours ensemble.

15. — Tes enfants (grandir) _____ .

    — Ah, oui. Ils (travailler) _____ tous les deux pour leur père.

Rappel   Le présent de l'indicatif

1. Regular Verbs

The majority of verbs in French are regular. They belong to one of three basic conjugations and have the following endings in the present tense:

-er	-ir	-re
je regard<u>e</u>	je fin<u>is</u>	j'attend<u>s</u>
tu regard<u>es</u>	tu fin<u>is</u>	tu attend<u>s</u>
il/elle/on regard<u>e</u>	il/elle/on fin<u>it</u>	il/elle/on attend
nous regard<u>ons</u>	nous fin<u>issons</u>	nous attend<u>ons</u>
vous regard<u>ez</u>	vous fin<u>issez</u>	vous attend<u>ez</u>
ils/elles regard<u>ent</u>	ils/elles fin<u>issent</u>	ils/elles attend<u>ent</u>

2. Irregular Verbs

Many of the most frequently used verbs in French are irregular. They are conjugated in the present tense as follows:

avoir	j'ai, tu as, il/elle/on a, nous avons, vous avez, ils/elles ont
être	je suis, tu es, il/elle/on est, nous sommes, vous êtes, ils/elles sont
aller	je vais, tu vas, il/elle/on va, nous allons, vous allez, ils/elles vont
faire	je fais, tu fais, il/elle/on fait, nous faisons, vous faites, ils/elles font
vouloir	je veux, tu veux, il/elle/on veut, nous voulons, vous voulez, ils/elles veulent
pouvoir	je peux, tu peux, il/elle/on peut, nous pouvons, vous pouvez, ils/elles peuvent
devoir	je dois, tu dois, il/elle/on doit, nous devons, vous devez, ils/elles doivent
mettre	je mets, tu mets, il/elle/on met, nous mettons, vous mettez, ils/elles mettent
prendre	je prends, tu prends, il/elle/on prend, nous prenons, vous prenez, ils/elles prennent
venir	je viens, tu viens, il/elle/on vient, nous venons, vous venez, ils/elles viennent
sortir	je sors, tu sors, il/elle/on sort, nous sortons, vous sortez, ils/elles sortent

(the verb **partir** is conjugated like **sortir**)

pleuvoir	il pleut
falloir	il faut
valoir	il vaut

Exercices de révision

I. Des monologues. Complete the following monologues, giving the appropriate present tense form of the verbs in parentheses.

1. Encore un dimanche soir! Et comme d'habitude nous (rester) _____ à la maison. Je (s'occuper) _____ de mes devoirs. Ma sœur (écouter) _____ une émission à la radio. Mes parents (regarder) _____ tout bêtement la télé. Et toi, comment est-ce que tu (passer) _____ la soirée du dimanche? Et ta famille aussi? Vous (s'amuser) _____ comme nous?

2. Maman et papa, pourquoi est-ce que vous (rougir) _____ ? C'est parce que je ne (réussir) _____ pas à tous mes examens? C'est parce que mes petits frères (salir) _____ tout? C'est parce qu'Henri ne (choisir) _____ pas bien ses amis? Ou bien est-ce que nous (grossir) _____ tous?

3. Alors, vous (descendre) _____ de votre Mercédès, toi et tes compagnons. Des centaines de gens vous (attendre) _____. Nous vous (rendre) _____ hommage. Le maire (répondre) _____ à tes questions, mais tu (défendre) _____ aux gens ordinaires de s'approcher de toi. Moi, seul, je (perdre) _____ ma patience et je m'en (aller) _____ .

4. Vous (être) _____ d'origine italienne. Vous (avoir) _____ deux frères qui (aller) _____ au lycée et une sœur qui (faire) _____ des études à l'université. C'est curieux. Moi aussi, j'(avoir) _____ deux frères et une sœur. Mais mes frères à moi, ils (faire) _____ leur service militaire. Et ma sœur (être) _____ architecte. Et moi, je ne (être) _____ pas d'origine italienne. Néanmoins, vous et moi, nous (avoir) _____ beaucoup en commun. Nous (être) _____ toutes les deux très jolies et très intelligentes! Et nous (faire) _____ du ski en hiver et du tennis en été. Vous (faire) _____ du sport, vous et votre famille, non?

5. Mes parents (vouloir) _____ que je fasse des études de droit. Mais moi, je ne (vouloir) _____ pas être avocate! Vous autres, vous (pouvoir) _____ comprendre ça, non? Vous (devoir) _____ avoir les mêmes discussions avec vos parents. Mais les parents ne (pouvoir) _____ pas, ne (devoir) _____ pas nous obliger à faire ce que nous ne (vouloir) _____ pas faire. Nous (devoir) _____ nous opposer à leur tyrannie. En effet, toi, Martin, tu (pouvoir) _____ m'aider. Je (devoir) _____ faire comprendre à ma mère que j' (avoir) _____ raison. Puis elle (pouvoir) _____ convaincre mon père. Alors, tu (vouloir) _____ bien m'aider?

6. C'est facile. Tu (prendre) _____ le disque et tu le (mettre) _____ sur le tourne-disque. Regarde! Voilà! Je (prendre) _____ le disque et je le (mettre) _____ là, comme ça. Alors, tout le monde, venez. Les enfants (apprendre) _____ à mettre un disque. C'est facile, non? Jean-Pierre (prendre) _____ le disque et le (mettre) _____ sur le tourne-disque. Chantal (faire) _____ de même. Alors, vous autres, vous (comprendre) _____ ?

7. Vous (venir) _____, vous deux? Non? Jean-Jacques, pourquoi est-ce que tu ne (venir) _____ pas? Tu ne (sortir) _____ pas en semaine? Et pourquoi pas? Tu (être) _____ fort en thème? Ah, oui. C'est ça. Les forts en thème, eux, ils ne (sortir) _____ jamais en semaine. Nous autres cancres *(dunces)* nous (sortir) _____ tous les soirs. En effet, je (venir) _____ de téléphoner à Emilie. Elle (venir) _____ avec nous. Et sa cousine aussi. Oui, elles (venir) _____ toutes les deux.

8. Il (falloir) _____ tondre la pelouse. Mais il (pleuvoir) _____ depuis des heures, sans arrêt. Il (valoir) _____ mieux attendre un autre jour.

II. Vous et les autres. Use the suggested subjects, verbs, and adverbs to make up sentences about yourself, your family, and your friends.

1. comprendre le français (bien, mal, avec difficulté, ne... pas)
   a. je   *Je comprends bien (mal) le français.* _____
   b. mes camarades de classe _____
   c. mon professeur _____
   d. mon ami(e)... et moi, nous _____

2. aller au théâtre (souvent, rarement, de temps en temps, ne... jamais)
   a. je _____
   b. mon ami(e)... _____
   c. mes parents _____

3. descendre l'escalier (rapidement, lentement, trois à trois)
   a. je _____
   b. nous autres étudiants _____
   c. les jeunes _____
   d. ma grand-mère _____

4. avoir du temps libre (beaucoup de, assez de, très peu)
   a. nous autres étudiants _____
   b. mes amis _____
   c. moi, je _____
   d. mon oncle... _____

5. vouloir arriver avant les autres invités (toujours, d'habitude, ne... jamais)

    a. je _____

    b. ma mère _____

    c. mes amis _____

    d. ma famille et moi, nous _____

6. réussir aux examens (toujours, presque toujours, d'habitude)

    a. mes camarades de classe _____

    b. ma sœur (mon frère)... _____

    c. nous autres garçons /filles _____

    d. je _____

7. venir aux matches de basket (souvent, rarement, ne... jamais)

    a. nos professeurs _____

    b. je _____

    c. mes amis et moi, nous _____

    d. ma mère _____

8. être malade (souvent, de temps en temps, rarement, ne... jamais)

    a. ma famille et moi, nous _____

    b. je _____

    c. mon père _____

    d. mes camarades de classe _____

9. jouer au golf (bien, assez bien, mal, ne... jamais)

    a. je _____

    b. mon père _____

    c. mes amis _____

    d. nous autres étudiants _____

10. sortir en semaine (souvent, de temps en temps, rarement, ne... jamais)

    a. mon ami(e)... _____

    b. mes parents _____

    c. nous autres étudiants _____

    d. je _____

11. pouvoir trouver le temps de faire les mots-croisés dans le journal (toujours, souvent, généralement, de temps en temps, rarement)

    a. ma mère _____

    _____

    b. mes amis _____

    _____

    c. je _____

    _____

    d. nous autres étudiants _____

    _____

12. faire la grasse matinée (to stay in bed late) (souvent, de temps en temps, rarement, ne... jamais)

    a. je _____

    b. nous autres étudiants _____

    c. mes amis _____

    d. mon père _____

Repêchage

Complete the following conversations, conjugating the verbs in parentheses in the present tense.

1. — Est-ce qu'ils (aller) _____ être à l'heure?
   — S'ils (prendre) _____ le métro, oui. Autrement, non.

2. — Qu'est-ce que vous (faire) _____ ce week-end?
   — Nous (rendre) _____ visite à des amis de la famille.

3. — Vos grands-parents (vieillir) _____, n'est-ce pas?
   — Ah, oui. Ils (avoir) _____ déjà plus de quatre-vingts ans.

4. — Tu (permettre) _____ à Anne-Marie de venir avec nous?
   — Non, je ne (vouloir) _____ pas qu'elle vous accompagne.

5. — Où (être) _____ tes cousines?
   — Elles ne (pouvoir) _____ pas venir.

6. — Pourquoi est-ce que tu (devoir) _____ rester à la maison?
   — Il (faire) _____ beau aujourd'hui.
     Il (falloir) _____ que je tonde la pelouse.

7. — Est-ce que les autres (venir) _____ au parc?
   — Je ne (savoir) _____ pas.

8. — Je ne (comprendre) _____ pas ce qui se passe.
   — Je (aller) _____ te l'expliquer.

9. — Elle (venir) _____ avec nous?
   — Non, elle ne (réussir) _____ pas à avoir une place dans l'avion.

10. — On (descendre) _____ ici?
    — Non, nous (continuer) _____ jusqu'au dernier arrêt.

11. — Pourquoi est-ce que Jean-Pierre (avoir) _____ tant d'accidents?
    — C'est parce que lui et ses amis ne (faire) _____ pas attention.

12. — Tu (pouvoir) _____ nous aider?
    — Bien sûr. Vous (être) _____ les cousins de Michel, non?

13. — Quel autobus est-ce que nous (prendre) _____ pour aller au Louvre?
    — Nous ne (savoir) _____ pas.

14. — Tu (venir) _____ avec moi?
    — Non, je n' (avoir) _____ pas le temps.

15. — Pourquoi est-ce que tu (avoir) _____ l'air si heureux?
    — Je (sortir) _____ avec Martine ce soir.

See page 122 for the answers to the test. The total number of points is 31. If you received a score of 25 or better, you have passed the test. If you scored below 25, let your instructor know by placing an X in the box at the upper right-hand corner of the re-test.

Now proceed to the **Manuel de préparation** and do Exercise IX on page 39.

MISE AU POINT 2

Les expressions *c'est (ce sont)*, *il y a*, *voici* et *voilà*

Test

Complete the following sentences using **c'est** or **ce sont**.

1. — Qu'est-ce que c'est?

   — _____ des jeux vidéos.

2. _____ la première fois que nous sommes allés à l'opéra.

3. Oui, _____ ça. Vous avez parfaitement raison.

4. A mon avis, _____ les ouvriers qui ont le beau rôle dans ce différend.

5. _____ nous qui allons gagner le match, j'en suis sûr.

6. Qui a posé la question? _____ lui, le grand garçon aux cheveux frisés, assis au premier rang.

Complete the following sentences with **il y a**, **voici**, or **voilà**.

7. Tu vois, là, de l'autre côté de la rue, juste derrière la quincaillerie? _____ le magasin où travaillent Joëlle et sa copine.

8. Dans notre cours de français _____ plus de filles que de garçons.

9. Eh, bien. _____ vos devoirs pour vendredi: vous allez relire le troisième chapitre, puis vous allez faire les quatre premiers exercices.

10. ... deux billets de métro, un mouchoir, un trousseau de clés. _____ tout ce que j'ai trouvé dans son sac à main.

11. _____ au moins trois bonnes raisons pour faire ça aujourd'hui plutôt que demain.

12. Regarde! Non, tout près de moi. Oui. _____ le réveil-TV dont je te parlais.

See page 122 for the answers to the test. The total number of points is 12. If you received a score of 10 or better, you have demonstrated sufficient control of this structure and may proceed directly to Exercise X on page 258 in the **Manuel de préparation**.

If your score is less than 10, read the rules for using **c'est (ce sont)**, **il y a**, **voici**, and **voilà** in the **Rappel** section immediately following this test; then do **Exercices de révision** I and II. After correcting these exercises (see page 122 for the answers), do the **Repêchage** test. Finally, proceed to Exercise X on page 258 in the **Manuel de préparation**.

1. The expressions *c'est* and *ce sont*

The expressions **c'est** *(it is, that is, he/she is)* and **ce sont** *(they are)* are used before nouns and pronouns. Before a noun, use **c'est** if the noun is singular and **ce sont** if the noun is plural.

> **C'est** une toute petite maison.
> **Ce sont** les meilleurs amis de mes parents.

Before a stress pronoun (**pronom accentué**), use **c'est** before **moi, toi, lui, elle, nous,** and **vous;** use **ce sont** only before **eux** and **elles.**

> **C'est** moi, le premier.
> **C'est** vous qui devez attendre.
> **Ce sont** elles, les étudiantes dont nous parlions hier soir.

Use **c'est** before an indefinite pronoun, such as **cela (ça)** and **tout.**

> **C'est** ça. Il faudra attendre.
>
> — Vous voulez autre chose.
> — Non, merci. **C'est** tout.

2. The expressions *il y a, voici,* and *voilà*

The expression **il y a** *(there is, there are)* is used to state that a person, place or thing exists. It does not necessarily mean that the item in question can be seen from where you are standing; it simply indicates the existence of the person, place, or thing. **Il y a** is invariable — i.e., it is followed both by singular and plural nouns.

> **Il y a** un grand lit dans ma chambre.
> **Il y a** deux petits lits dans ma chambre.

The negative of **il y a** is **il n'y a pas.**

The expressions **voici** *(here is, here are)* and **voilà** *(there is, there are)* are used to point out the location of a person, place, or thing. It is usually intended to get someone to look in that direction. **Voilà** indicates that the person, place, or object is *away from* the speaker; **voici** indicates that the person, place, or object is *near* the speaker. **Voici** or **voilà** are also both invariable. They do not have a negative form.

> Tenez! **Voici** les formulaires qu'il faut remplir.
> **Voilà** notre voiture! Oui, là-bas, devant la pharmacie.

Voici and **voilà** are also used to introduce or to summarize. Use **voici** *before* you give the information; use **voilà** *after* you have given the information.

> **Voici** les villes que nous allons visiter: Munich, Francfort, Berlin et Hambourg.
> La Suisse, la Belgique et le Luxembourg: **voilà** les pays que nous avons visités.

Exercices de révision

I. C'est ou Ce sont? Complete the following sentences, distinguishing between the use of **c'est** and **ce sont.**

1. _____ une vieille église romane.

2. _____ les plus hautes montagnes de l'Europe.

3. Qu'est-ce que _____?

4. _____ des cassettes audio.

5. _____ elle, la plus intelligente de notre promotion.

6. _____ nous, les premiers à arriver.

7. _____ moi qui voudrais apprendre à faire de la planche à voile.

8. _____ vous, les derniers.

9. _____ eux, les gagnants.

10. _____ elle que j'ai vue au supermarché.

11. _____ tout ce que je peux me rappeler.

12. _____ ça. Nous avons décidé de rester ici.

II. Il y a, voici, voilà. Complete the following sentences, distinguishing between the use of **il y a, voici,** and **voilà.**

1. Dans notre catalogue, _____ plusieurs modèles de machines à écrire électroniques.

2. Venez. Je vais vous montrer la plus chère. _____ la Praxis 60 d'Olivetti. Vous voyez comme elle est silencieuse quand on y tape.

3. Ah, si vous préférez, à l'autre bout de la table, vous pouvez la voir d'ici, _____ l'ET 55. Elle est aussi d'Olivetti.

4. Oui, _____ aussi des mécaniques.

5. Non, _____ de rubans correcteurs pour accompagner les mécaniques.

6. A mon avis, _____ les avantages des électroniques: elles sont plus rapides, plus silencieuses, ...

7. Oui, c'est vrai. Elles coûtent plus chères. _____ pourquoi les étudiants préfèrent les mécaniques.

8. Enfin, _____ des avantages et des inconvénients chez les deux.

Repêchage

Complete the following sentences using **c'est** or **ce sont**:

1. Ah, oui, _____ un très bon exemple du style renaissance.

2. _____ vous qui aviez promis de nous aider, non?

3. — Qu'est-ce que c'est?

   — _____ des fauteuils repliables.

4. _____ moi, la personne qui vous a téléphoné la semaine dernière.

5. Je suis désolé, mais _____ tout ce que je peux vous dire pour le moment.

6. _____ eux, les gens dont vous parliez pendant le dîner?

Complete the following sentences with **il y a**, **voici**, or **voilà**.

7. Oh, là là! Il pleut. _____ mon parapluie. Si, si, prends-le!

8. Tu ouvres la boîte, tu attends une demi-minute, puis tu commences: _____ comment il faut faire.

9. _____ un restaurant deux étoiles dans la ville où je suis née.

10. _____ le programme de la journée: petit déjeuner, séance de travail, pause-café, encore du travail...

11. A notre université _____ plus de 2 000 étudiants.

12. _____ l'entrée. Non, non... continuez tout droit. Oui, là-bas, juste après le panneau publicitaire.

See page 122 for the answers to the test. The total number of points is 12. If you received a score of 10 or better, you have passed the test. If you scored below 10, let your instructor know by placing an X in the box at the upper right-hand corner of the re-test.

Now proceed to the **Manuel de préparation** and do Exercise X on page 258.

MISE AU POINT 3   Le passé composé et l'imparfait

Test

A. Complete the following conversations, conjugating the verbs in parentheses in the **passé composé.**

1. — Qu'est-ce que vous (faire) _____ hier soir?

   — Nous (aller) _____ au cinéma.

2. — Jacques, tu (se reposer) _____ hier soir?

   — Oui, j(e) (regarder) _____ un film à la télé.

3. — Est-ce que Chantal (finir) _____ ses devoirs?

   — Non, elle (se coucher) _____ avant de les finir.

4. — Toi et Jean-Pierre, vous (se perdre) _____ en allant chez Cécile?

   — Oui, nous (oublier) _____ d'apporter un plan de la ville.

5. — Où est-ce qu'ils (mettre) _____ les clés?

   — Je ne sais pas. Je (ne pas voir) _____ les clés depuis ce matin.

6. — Tu (prendre) _____ l'autobus pour aller en ville?

   — Non, mon frère m(e) (donner) _____ sa voiture.

7. — Jean-Jacques et Martine (venir) _____ à la soirée?

   — Oui, mais, Martine, elle (arriver) _____ en retard.

8. — Chantal, pourquoi est-ce que tu (ne pas attendre) _____ les autres ce matin?

   — Parce que je (se lever) _____ très tôt.

9. — Est-ce que vous et vos amis (s'amuser) _____ au match de football?

   — Oui, mais notre équipe (perdre) _____ le match, 2 contre 1.

10. — Est-ce que vous et votre frère (rentrer) _____ à l'heure?

    — Oui, nous (se dépêcher) _____ pour attraper le dernier train.

B. Now complete the following narration, conjugating the verbs in parentheses in the **imparfait.**

Quand j(e) (être) _____ jeune, toute ma famille (aller)

_____ aux sports d'hiver pendant les vacances de Noël. Mes grands-parents

(avoir) _____ un chalet tout près de Chamonix. Alors, le 26 décembre, nous

(se diriger) _____ tous vers les Alpes. Mon oncle, ma tante et mes cousins

(prendre) _____ toujours le train; mes parents et moi, nous (faire)

_____ souvent le voyage en voiture. A Chamonix, pendant des heures et des

heures mes cousins (descendre) _____ les pistes à toute vitesse. Pas moi!

Je (ne pas vouloir) _____ me casser la jambe. Puis on (finir)

_____ la journée par prendre quelque chose dans un café du village. Et vous,

est-ce que vous (s'amuser) _____ aussi pendant les vacances de Noël?

Rappel   Le passé composé et l'imparfait

1. The *passé composé*

The **passé composé** is a compound tense — that is, it is formed by conjugating an auxiliary verb (either **avoir** or **être**) and adding a past participle.

The past participle of regular verbs is formed by dropping the infinitive ending and adding **é, i,** or **u**:

-er verbs:	**parler**	**parl + é**	**parlé**
-ir verbs:	**finir**	**fin + i**	**fini**
-re verbs:	**descendre**	**descend + u**	**descendu**

Verbs with irregular past participles include:

devoir	**dû**
faire	**fait**
mettre	**mis**
prendre	**pris**
venir	**venu**

The use of **avoir** or **être** as the auxiliary verb follows these basic guidelines:

a. The majority of verbs in French are conjugated with **avoir**.

j'ai travaillé	**nous avons pris**
tu as fini	**vous avez mis**
il a regardé	**ils ont entendu**
elle a perdu	**elles ont fait**

b. All pronominal verbs are conjugated with **être:**

je me suis couché(e)	**nous nous sommes dépêché(e)s**
tu t'es amusé(e)	**vous vous êtes trompé(e)(s)**
il s'est perdu	**ils se sont retrouvés**
elle s'est levée	**elles se sont disputées**

c. A limited number of non-pronominal verbs are also conjugated with **être**. Among the most frequently used are: **aller, arriver, descendre, entrer, monter, partir, rentrer, rester, retourner, sortir, venir.**

je suis allé(e)	**nous sommes arrivé(e)s**
tu es parti(e)	**vous êtes resté(e)(s)**
il est entré	**ils sont rentrés**
elle est sortie	**elles sont venues**

Note that when a verb is conjugated with **être**, the past participle agrees in gender and number with the subject.

> **Elle** n'est pas encore **arrivée.**
> **Nous** nous sommes **trompés** de route.
> **Ils** sont **montés** dans l'autobus.

To make a verb in the **passé composé** negative, place **ne... pas** around the auxiliary verb (and the object pronoun):

> Elle **n'a pas** répondu à la question.
> Ils **ne sont pas** arrivés à l'heure.
> Je **ne me suis pas** disputée avec les autres.

2. The *imparfait*

To form the **imparfait**, begin with the **nous** form of the present tense, drop the **-ons**, and add the following endings: -ais, -ais, -ait, -ions, -iez, -aient.

parler nous parlons	finir nous finissons	descendre nous descendons
je parlais tu parlais il/elle/on parlait nous parlions vous parliez ils/elles parlaient	je finissais tu finissais il/elle/on finissait nous finissions vous finissiez ils/elles finissaient	je descendais tu descendais il/elle/on descendait nous descendions vous descendiez ils/elles descendaient

This rule for the formation of the **imparfait** applies to all verbs in French, except **être**.

INFINITIVE	PRESENT	IMPARFAIT
avoir	nous avons	j'avais, tu avais, etc.
faire	nous faisons	je faisais, tu faisais, etc.
mettre	nous mettons	je mettais, tu mettais, etc.
prendre	nous prenons	je prenais, tu prenais, etc.
vouloir	nous voulons	je voulais, tu voulais, etc.

The **imparfait** stem for **être** is ét-:

> j'étais, tu étais, il/elle/on était, nous étions, vous étiez, ils/elles étaient

Exercices de révision

I. Des monologues. Complete the following monologues, giving the appropriate **passé composé** form of the verbs in parentheses.

1. Mon cousin René (ne pas aller) _____ au match de football.
   Il (attendre) _____ le dernier moment pour partir, il (se tromper) _____ d'autobus et il (décider) _____ de rentrer chez lui.

2. *(C'est Chantal qui parle.)* Ma sœur et moi, nous (rentrer) _____ vers 9h hier soir. Nous (regarder) _____ un film à la télé. Nous (téléphoner) _____ à des amies, puis nous (se coucher) _____.

3. *(C'est Jean-Pierre qui parle.)* J(e) (dormir) _____ très tard ce matin. Je (ne pas déjeuner) _____. Je (se dépêcher) _____ pour aller en classe, mais je (arriver) _____ en retard tout de même.

4. Je ne te comprends pas, Martine. Tu (ne pas finir) _____ tes devoirs. Tu (ne pas venir) _____ à la soirée chez moi. Tu (ne pas répondre) _____ à mes coups de téléphone. Et tu (se disputer) _____ avec ta meilleure amie lundi! Qu'est-ce qu'il y a?

5. Samedi soir Yvette (prendre) _____ une douche, elle (mettre) _____ sa nouvelle robe et elle (sortir) _____ avec Laurent. Ils (aller) _____ au cinéma et ils (s'amuser bien) _____.

6. Michel et Louis, qu'est-ce que vous (faire) _____ hier soir? Pourquoi est-ce que vous (ne pas aller) _____ au concert avec nous? Vous (perdre) _____ l'occasion d'entendre le meilleur groupe de rock français. J'espère que vous (s'amuser) _____ tout de même?

7. *(C'est Jean-Francis qui parle.)* Hier soir mon frère et moi, nous (prendre) _____ l'autobus pour aller en ville. Nous (descendre) _____ au centre-ville et nous (entrer) _____ dans le premier magasin. Mon frère y (acheter) _____ un jean. Puis j(e) (voir) _____ des amies qui parlaient à la terrasse d'un café. Nous y (rester) _____ pendant une demi-heure puis elles (retourner) _____ au magasin avec nous.

II. Des interrogatoires. Complete the following questions and answers, using the appropriate **imparfait** form of the verbs in parentheses.

1. — Quand tu (être) _____ petite, est-ce que tu (obéir) _____ à tes parents? Est-ce que tu (se disputer) _____ avec tes frères? Est-ce que tu (répondre) _____ aux questions des grandes personnes?
   — Quand j(e) (avoir) _____ 5 ou 6 ans, j(e) (être) _____ toujours très sage. Je (s'entendre) _____ bien avec mes frères et je (parler) _____ très poliment aux grandes personnes.

2. — Quand vous (être) _____ à Paris, est-ce que vous (descendre) _____ dans un hôtel? Est-ce que vous (sortir) _____ souvent avec des amis français? Est-ce que vous (s'amuser) _____ toujours?
   — J(e) (avoir) _____ un appartement dans le 6ᵉ arrondissement. J(e) (aller) _____ souvent au cinéma ou au théâtre avec mes amis français. J(e) (aimer) _____ beaucoup la vie parisienne.

3. — Quand Anne-Marie (être) _____ jeune, où est-ce qu'elle (faire) _____ ses études? Est-ce qu'elle (prendre) _____ l'autobus pour aller à l'école? Est-ce qu'elle (réussir) _____ à tous ses cours?
   — Anne-Marie et ses frères (faire) _____ leurs études au lycée Champollion. Ils y (aller) _____ à pied. Anne (faire) _____ toujours attention en classe, mais ses frères (être) _____ souvent distraits.

Repêchage

A. Complete the following conversations, conjugating the verbs in parentheses in the **passé composé.**

1. — Alfred, tu (acheter) _____ quelque chose en ville?

   — Non, mais j(e) (choisir) _____ un bon restaurant pour notre dîner de gala.

2. — Martine, tu (ne pas aller) _____ à ton premier cours ce matin?

   — Non, je (rester) _____ au lit jusqu'à 10h.

3. — Elle (venir) _____ à la soirée?

   — Non, elle (regarder) _____ des vidéos avec des amis.

4. — Vous (voir) _____ les Duvallier?

   — Non, ils (rentrer) _____ après nous.

5. — Sylvie, pourquoi est-ce que tu (se disputer) _____ avec ta camarade de chambre?

   — Elle (mettre) _____ toutes ses affaires sur mon bureau.

6. — Ils (faire) _____ du ski le week-end dernier?

   — Non, ils (jouer) _____ au hockey.

7. — Pourquoi est-ce que François (ne pas déjeuner) _____ ce matin?

   — Il (se lever) _____ trop tard.

8. — Tu (parler) _____ à Jacqueline et à sa mère?

   — Non, elles (se coucher) _____ avant notre arrivée.

9. — Vous (attendre) _____ l'autobus pour aller à la gare?

   — Non, nous (prendre) _____ un taxi.

10. — Annick, tu (retrouver) _____ tes amis cet après-midi?

    — Non, je (se tromper) _____ d'heure.

B. Now complete the following narration, conjugating the verbs in parentheses in the **imparfait.**

Je me souviens bien des dîners qu'on (prendre) _____ chez ma grand-mère. Elle et mon grand-père (habiter) _____ près de Lausanne. Il y (avoir) _____ toujours de bonnes choses à manger chez elle. Mon frère et moi, nous (attendre) _____ avec impatience l'heure du dîner. Et moi, je (finir) _____ toujours tout sur mon assiette. Après le repas, mon père et mon grand-père (se promener) _____ dans le bois près de la maison. Ma mère (faire) _____ la vaisselle avec ma grand-mère. Mon frère et moi, nous (s'amuser) _____ à jouer avec les animaux. J(e) (être) _____ triste de rentrer chez nous. Et vous, est-ce que vous (aller) _____ souvent chez vos grands-parents?

See page 123 for the answers to the test. The total number of points is 40. If you received a score of 32 or better, you have passed the test. If you scored below 32, let your instructor know by placing an X in the box at the upper right-hand corner of the re-test.

Now proceed to the **Manuel de préparation** and do Exercise VIII on page 111.

MISE AU POINT 4 — **Le plus-que-parfait**

Test

Complete each response with the appropriate form of the **plus-que-parfait** of the infinitive.

> MODELE — Vous ne vouliez pas manger?
> — Non, nous (manger) _*avions mangé*_ avant d'y aller.

1. — J'étais fauché *(broke)*.

   — Ah, c'est vrai, tu (perdre) _____ ton portefeuille le jour précédent.

2. — Vous n'avez pas vu la fille des Allignol à la soirée?

   — Non, elle (aller) _____ au théâtre avec son petit ami.

3. — Vous n'avez pas trouvé l'appartement des Le Brun?

   — Oui, on (se tromper) _____ d'adresse.

4. — C'était la première fois que nous avons lu l'article.

   — Ah, oui, c'est vrai. Vous (ne pas avoir) _____ de temps libre avant la classe.

5. — Elles avaient l'air très fatiguées.

   — C'est parce qu'elles (se coucher) _____ très tard la veille.

6. — Ils n'étaient pas fâchés que tu sois en retard?

   — Non, j(e) (téléphoner) _____ avant de partir.

7. — Pourquoi est-ce que Michel est retourné à son appartement?

   — Il (oublier) _____ de fermer les fenêtres.

8. — Est-ce que les Comolli ont apporté un cadeau?

   — Je ne sais pas. Nous (partir) _____ quand ils sont arrivés.

9. — Pourquoi est-ce que tu as refusé d'entrer dans ce magasin samedi dernier?

   — C'est parce que je (se disputer) _____ avec l'employée la semaine avant.

10. — Ils n'étaient pas dans le train?

    — Non, ils (décider) _____ de prendre leur voiture.

See page 124 for the answers to the test. The total number of points is 10. If you received a score of 8 or better, you have demonstrated sufficient control of this structure and may proceed directly to Exercise VIII on page 136 in the **Manuel de préparation**.

If your score is less than 8, read the rules for conjugating verbs in the **plus-que-parfait** in the **Rappel** section immediately following this test; then do **Exercices de révision** I and II. After correcting these exercises (see page 124 for the answers), do the **Repêchage** test. Finally, proceed to Exercise VIII on page 136 in the **Manuel de préparation**.

The **plus-que-parfait** of all verbs is formed with the appropriate form of the **imparfait** of **avoir** or **être** and the past participle.

prendre	sortir	se dépêcher
j'avais pris	j'étais sorti(e)	je m'étais dépêché(e)
tu avais pris	tu étais sorti(e)	tu t'étais dépêché(e)
il avait pris	il était sorti	il s'était dépêché
elle avait pris	elle était sortie	elle s'était dépêchée
nous avions pris	nous étions sorti(e)s	nous nous étions dépêché(e)s
vous aviez pris	vous étiez sorti(e)(s)	vous vous étiez dépêché(e)(s)
ils avaient pris	ils étaient sortis	ils s'étaient dépêchés
elles avaient pris	elles étaient sorties	elles s'étaient dépêchées

The **plus-que-parfait** is the equivalent of the English *had* + past participle: *I had taken, she had gone out, we had hurried.*

The past participle of verbs conjugated in the **plus-que-parfait** follows the same agreement rules as in the **passé composé** — i.e., the past participle of verbs conjugated with **être** and of most pronominal verbs agrees in gender and number with the subject; the past participle of verbs conjugated with **avoir** does *not* agree with the subject.

The negative form **ne... pas** is placed around the helping verb.

> Il **n'**avait **pas** répondu.
> Nous **n'**étions **pas** descendus.
> Je **ne** m'étais **pas** fâchée.

The adverbs **déjà** *(already)* and **ne... pas encore** *(not yet)* are frequently used with the **plus-que-parfait**. They are placed between the helping verb and the past participle.

> Elle était **déjà** partie.
> Vous **n'**aviez **pas encore** fait le voyage.

Exercices de révision

I. Ce qu'on avait déjà fait. Complete the following paragraphs by putting the infinitives in the appropriate form of the **plus-que-parfait**.

1. Ma camarade de chambre était de très mauvaise humeur ce matin.

    Elle (sortir) _____ hier soir avec des copains. Elle

    (manger) _____ de la pizza aux anchois. Elle (se réveiller)

    _____ plusieurs fois pendant la nuit.

2. Quand je t'ai vu hier soir, est-ce que tu (aller déjà) _____ au gymnase?

    Tu (faire déjà) _____ ton stretching? Tu (t'entraîner déjà)

    _____ aux barres parallèles?

3. Samedi soir ma sœur et moi, nous avons eu beaucoup de mal à nous endormir. Nos parents (sortir) _____ pour dîner avec des amis. A minuit ils (ne pas encore rentrer) _____ et ils (ne pas téléphoner) _____. Nous avons appris plus tard qu'ils (se perdre) _____ en rentrant.

4. Si j'avais l'air fatigué(e) quand tu m'as vu(e) au petit déjeuner, c'est parce que j(e) (se lever) _____ à 5h, j(e) (finir) _____ mes devoirs d'anglais et j(e) (aller) _____ au gym pour faire de l'aérobic.

5. Quand nous sommes allés en Californie, notre avion est parti à 6h du matin. Par conséquent, pour ne pas être en retard, nous (téléphoner) _____ pour réserver un taxi la veille au soir, nous (se réveiller) _____ à 3h30 et nous (arriver) _____ à l'aéroport à 5h.

6. Comment? Vous êtes retourné en Italie? Mais on nous a dit que la première fois vous (ne pas s'amuser) _____ , que vous (dépenser) _____ beaucoup d'argent et que vous (revenir) _____ après trois jours.

II. Pourquoi (pas)? Use the **plus-que-parfait** of the indicated verbs to explain the behavior of the following people.

MODELE   Pourquoi est-ce que Jeanne ne t'a pas accompagnée en ville hier après-midi?
(aller en ville avec ses parents le matin)
(Parce qu') elle était allée en ville avec ses parents le matin.

1. Pourquoi Jean était-il de si mauvaise humeur hier soir? (faire une grosse faute à son examen de chimie)
_____

2. Tu n'as pas vu les filles de Marc et d'Isabelle? (non / déjà monter se coucher)
_____

3. Laura n'est pas venue avec vous? (non / finir ses devoirs)
_____

4. Pourquoi est-ce que vous n'êtes pas allés à Beaubourg avec les autres? (nous / déjà visiter Beaubourg)
_____

5. Pourquoi est-ce que Julie a décidé de retourner à la Guadeloupe? (s'amuser bien pendant sa première visite en 1990)
_____

6. Pourquoi est-ce que Thomas s'est fait reservir plusieurs fois au dîner hier soir? (ne rien manger depuis le matin)
_____

7. Pourquoi est-ce que Julien t'a envoyé des roses? (nous / se disputer la semaine dernière)
_____

8. Comment? Tu n'avais pas la voiture pour y aller? (non / mes parents / prendre la voiture pour aller à Cahors)
_____

9. Pourquoi est-ce que le prof s'est fâché quand David lui a posé une question? (il / répondre à la même question cinq minutes avant)
_____

10. Les frères d'Aurélie n'étaient pas là quand tu es arrivée? (non / aller au cinéma avec des copains)
_____

Repêchage

Complete each response with the appropriate form of the **plus-que-parfait** of the infinitive in parentheses.

    MODELE   — Vous ne vouliez pas manger?
               — Non, nous (manger) *avions mangé* avant d'y aller.

1. — Est-ce que Jean-Jacques est retourné au même endroit?

      — Non, la première fois il (aller) _____ plus au nord.

2. — Comment! Tu es sortie sans faire tes devoirs?

      — Non, non. J(e) (finir) _____ tout mon travail avant d'y aller.

3. — Alors, vos parents vous attendaient quand vous êtes rentrés?

      — Ah, oui. Et ils n'étaient pas très contents. Nous (sortir) _____

      sans demander la permission.

4. — Alors, Margaux a été en retard pour son examen?

      — Oui, elle (se coucher) _____ à 3h du matin et n'a pas pu se lever.

5. — J'ai raté le début du match.

      — C'est dommage. Mais si tu (prendre) _____ le métro, tu serais arrivé à temps.

6. — Comment! Après la soirée, tu es allé dans un restaurant?

      — C'est parce que j(e) (arriver) _____ après tous les autres et il ne restait

      plus rien à manger.

7. — Alors, toi et ton fiancé, vous vous êtes disputés pour la première fois quand vous êtes allés chez

      ses parents?

      — Non, non. Je (se fâcher) _____ plusieurs fois contre lui avant ça.

8. — Pourquoi est-ce qu'ils sont arrivés avant tous les autres?

      — Parce qu'on leur (dire) _____ que ça commençait à 20h.

9. — On ne savait pas où ils étaient?

      — Non, ils (partir) _____ sans rien dire à personne.

10. — Hier soir nous sommes allés voir le nouveau film de Depardieu.

      — Mais vous (déjà voir) _____ ce film, non?

See page 124 for the answers to the test. The total number of points is 15. If you received a score of 12 or better, you have passed the test. If you scored below 12, let your instructor know by placing an X in the box at the upper right-hand corner of the re-test.

Now proceed to the **Manuel de préparation** and do Exercise VIII on page 136.

MISE AU POINT 5 L'emploi du présent pour parler du futur

Test

Use the cues in parentheses to decide which of the following verbs should be used to express people's attitudes about future events: **penser, compter, avoir l'intention de, vouloir, espérer, aller, avoir envie de**. Use the present tense of these verbs.

1. Il _____ vraiment aller en France. (He really wants to take this trip.)

2. Tu _____ sortir ce soir? (I feel like going out tonight. What about you?)

3. J'_____ lui dire la vérité. (At this point, my intentions are firm.)

4. Nous _____ acheter une maison dans cinq ou six ans. (We can only hope!)

5. Je sais ce qu'ils _____ faire, mais je doute qu'ils y réussissent. (You should never count on anything!)

6. Pas de discussion! Vous _____ tout de suite terminer vos devoirs. (You're going to do it whether you like it or not!)

7. Tu _____ m'accompagner? (You don't have to if you don't want to.)

8. J'_____ manger quelque chose de sucré. (For some reason I really feel like eating something sweet.)

9. Elles ont décidé. Elles _____ aller à Strasbourg ce week-end. (They're definitely going.)

10. Alors, c'est vrai. Tu _____ arrêter tes études? (I still can't believe that you're going to do it.)

See page 125 for the answers to the test. The total number of points is 20. If you received a score of 16 or better, you have demonstrated sufficient control of these verbs and may proceed directly to Exercise VIII on page 211 in the **Manuel de préparation**.

If your score is less than 16, read the explanation about the use of the verbs in the **Rappel** section immediately following this test; then do **Exercices de révision I, II, III**. After correcting these exercises (see page 125 for the answers), do the **Repêchage** test. Finally, proceed to Exercise VIII on page 211 in the **Manuel de préparation**.

Rappel L'emploi du présent pour parler du futur

Future time can be expressed using the present tense of a variety of verbs. Each verb expresses more or less definite plans and tends to show the attitude of the speaker (or writer). For example, there is a big difference between what you *hope to do, are going to do, count on doing, intend to do, etc.*

Used with infinitives, the following verbs all express future time, progressing from the least certain to the most certain:

avoir envie de + infinitive	**J'ai envie de faire une promenade.** *I feel like taking a walk.*
vouloir + infinitive	**Elle voudrait nous accompagner.** *She would like to go with us.* **Elle veut nous accompagner.** *She wants to go with us.*
penser + infinitive	**Nous pensons aller en Espagne.** *We're thinking about going to Spain.*
espérer + infinitive	**J'espère gagner beaucoup d'argent.** *I hope to earn a lot of money.*
compter + infinitive	**Elle compte reprendre ses études.** *She's counting on going back to school. She's expecting to go back to school.*
avoir l'intention de + infinitive	**J'ai l'intention de sortir ce soir.** *I intend to go out tonight.*
aller + infinitive	**Ils vont déjeuner avec nous.** *They're going to have lunch with us.*

To make the sentences negative, put **ne... pas** around the conjugated verb.

Je **ne** veux **pas** voir ce film.   Il **n'a pas** l'intention de suivre ce cours.

Note that **avoir l'intention** and **avoir envie** are followed by the preposition **de**.

Exercices de révision

I. Des précisions. Fill in the blanks with the preposition **de** if it is required. If **de** is not needed, put an "X" in the blank.

1. J'ai envie _____ m'acheter une voiture, mais je ne sais pas si j'ai assez d'argent.

2. Est-ce que tu vas _____ manger avec nous ce soir?

3. Mon fils compte _____ finir ses études l'année prochaine.

4. Avez-vous l'intention _____ leur écrire?

5. Elle ne pense pas _____ trouver du travail.

6. Tu sais pourquoi ils ont l'intention _____ parler au prof?

7. Nous espérons _____ acheter une maison un jour.

8. Mes enfants ont envie _____ aller à Eurodisneyland. Moi, ça ne me dit rien.

9. Est-ce que vous voulez _____ nous retrouver au centre commercial?

10. Je ne sais pas pourquoi tu as envie _____ voir ce film. Il n'est pas très bon.

II. Quels sont leurs projets? Indicate how each person feels about doing the following things in the future.

MODELE   voyager en Europe
votre père (has no desire to do so)   *Il ne veut pas voyager en Europe.*
votre mère (hopes to do so some day)   *Elle espère voyager en Europe.*
vous (you're counting on it)   *Je compte voyager en Europe.*

1. aller à Paris
   vos amis (they intend to) _____
   votre sœur (she is going to) _____
   vous (you hope to) _____
   votre ami (he wants to) _____
2. prendre le cours de statistiques
   vous (you don't want to) _____
   votre amie (she intends to) _____
   votre frère (he feels like it) _____
3. acheter une Mercédès
   vos parents (they count on it) _____
   votre ami (he's not going to buy one) _____
   vous (you're thinking about it) _____
4. réussir à l'examen de français
   vous (you're hoping) _____
   vos amis (they're going to pass) _____
   votre amie (she expects to pass) _____

III. Une interview. It's the end of the year and you're going to interview a visiting French professor for your French newsletter. Since you want to be well prepared for the interview, you write down the questions ahead of time.

Ask Professor Monicat...

MODELE   when she's going to return to France
Quand est-ce que vous allez rentrer en France?

1. if she's going to travel in the USA before going home

   _____

2. what she wants to do this summer

   _____

3. if she hopes to return to the USA one day

   _____

4. what she intends to say to her friends about the USA

   _____

5. if she expects to have a good trip

   _____

6. if she's going to be happy to see her family

   _____

7. what she thinks she's going to teach next year

   _____

8. what she feels like doing when she gets back to France

   _____

Repêchage

Fill in the blanks using an appropriate verb to express people's attitudes about future events.

1. Je _____ devenir avocate. (I've made up my mind and I'm going to do it.)

2. Ce petit garçon est un peu trop costaud. Il _____ toujours manger. (That's all he seems to want to do.)

3. Est-ce que tu _____ poser ta candidature pour ce job? (I can't believe it. Do you really intend to apply?)

4. Nous _____ passer cinq semaines en France. (We're counting on having enough vacation time.)

5. Est-ce que vous _____ rendre visite à vos grands-parents? (If you don't feel like it, we can do something else.)

6. Elles _____ commencer leurs études en septembre. (It's all set. They've already turned in their applications.)

7. Alors, mon petit. Qu'est-ce que tu _____ devenir un jour? (You're still very young, so you have a lot of hopes.)

8. Quand je suis en France, je _____ voyager par le train. (I'm thinking about it because the train is less expensive than renting a car.)

See page 125 for the answers to the test. The total number of points is 16. If you received a score of 13 or better, you have passed the test. If you scored below 13, let your instructor know by placing an X in the box at the upper right-hand corner of the re-test.

Now proceed to the **Manuel de préparation** and do Exercise VIII on page 211.

MISE AU POINT 6   **Le futur**

Test

Complete the sentences with the appropriate future form of the infinitives in parentheses.

1. Où est-ce que vous (passer) _____ les vacances de Pâques?

2. Ma famille et moi, nous (aller) _____ au bord de la mer, comme toujours.

3. Je sais exactement ce qui (se passer) _____.

4. Ma femme ne (être) _____ pas contente de notre chambre.

5. Elle me (dire) _____: «Demande qu'on nous donne une chambre avec vue

   sur la mer.»

6. Moi, j'(avoir) _____ envie de lire et de me reposer.

7. Mais les enfants (vouloir) _____ passer toute la journée à la plage.

8. Mon fils (bâtir) _____ des beaux châteaux de sable.

9.-10. Quand ma fille les (voir) _____, elle (faire) _____

   de son mieux pour les détruire.

11.-12. Le soir nous ne (pouvoir) _____ pas dîner dans un bon restaurant.

   Il (falloir) _____ trouver un fast-food.

13-14. A la fin de la semaine, ma fille me (prendre) _____ par la main en

   demandant: «Papa, est-ce que nous (revenir) _____ ici l'année prochaine?»

15. Je ne (savoir) _____ pas quoi répondre.

See page 126 for the answers to the test. The total number of points is 15. If you received a score of 12 or better, you have demonstrated sufficient control of this structure and may proceed directly to Exercise II on page 131 in the **Manuel de préparation.**

If your score is less than 12, read the rules for conjugating verbs in the future in the **Rappel** section immediately following this test; then do **Exercices de révision** I and II. After correcting these exercises (see page 126 for the answers), do the **Repêchage** test. Finally, proceed to Exercise II on page 131 in the **Manuel de préparation.**

1. Regular Forms

The future tense of regular verbs is formed by adding the endings **-ai, -as, -a, -ons, -ez, -ont** to the infinitive.

passer	choisir	répondre
je passerai	je choisirai	je répondrai
tu passeras	tu choisiras	tu répondras
il/elle/on passera	il/elle/on choisira	il/elle/on répondra
nous passerons	nous choisirons	nous répondrons
vous passerez	vous choisirez	vous répondrez
ils/elles passeront	ils/elles choisiront	ils/elles répondront

Note that the **-e** of the infinitive of **-re** verbs is dropped before adding the endings.

2. Irregular Forms

Some verbs that are irregular in the present tense follow the rules for regular verbs in the future.

sortir	je sortirai	prendre	je prendrai
partir	je partirai	apprendre	j'apprendrai
servir	je servirai	comprendre	je comprendrai
dire	je dirai		
lire	je lirai		

Other verbs have irregular stems to which the endings are added. The following are some of the more common verbs whose future stem is irregular:

avoir	j'aurai	vouloir	je voudrai
être	je serai	pouvoir	je pourrai
aller	j'irai	savoir	je saurai
faire	je ferai	venir	je viendrai
voir	je verrai	falloir	il faudra

Exercices de révision

I. L'avenir. Complete the sentences with the appropriate future form of the infinitives in parentheses.

1. Nous (prendre) _____ tous le métro pour visiter Paris. On (monter)

   _____ tous ensemble à la place d'Italie. Jean et Patrice nous

   (quitter) _____ à Jussieu. Chantal (descendre) _____

   à Châtelet. Dominique et Chantal, vous (continuer) _____ avec nous jusqu'au

   Palais Royal. Martine, tu (changer) _____ à l'Opéra. Et moi, j' (aller)

   _____ jusqu'à la gare de l'Est.

2. — Qui (venir) _____ avec nous ce week-end?

   — Moi, je ne (pouvoir) _____ pas. Je (être) _____ à la campagne avec ma famille.

   — Jeanne et sa cousine (aller) _____ en Angleterre. Et Max (faire) _____ du camping avec des amis.

   — Alors il ne reste que toi. Tu (avoir) _____ le temps de nous accompagner?

3. Est-ce que tu (voir) _____ ta cousine ce week-end? Il (falloir) _____ lui dire de me téléphoner. Mon ami Robert Etienne me (rendre) _____ visite et je suis sûr qu'elle (vouloir) _____ lui parler. Dis-lui qu'elle (pouvoir) _____ nous avoir à la maison samedi soir. Nous (aller) _____ sans doute en ville, mais nous ne (sortir) _____ pas avant 9h. Il (être) _____ ravi d'avoir l'occasion de lui parler.

II. Pas encore, mais... Answer the questions, saying that the indicated actions will take place later.

MODELE   Tu as fini tes devoirs? (ce soir)
          Non, pas encore, mais je les finirai ce soir.

1. Tu as vu ton frère aujourd'hui? (cet après-midi)

   _____

2. Vous êtes déjà allés à l'exposition? (ce week-end)

   _____

3. Janine sait les résultats de l'examen. (la semaine prochaine)

   _____

4. Marc est déjà revenu. (dans quelques moments)

   _____

5. Il y a déjà eu une annonce. (à 6h)

   _____

6. Vous pouvez y aller aujourd'hui? (demain)

   _____

7. Elles sont à Bruxelles. (lundi prochain)

   _____

8. Il a déjà pris son train. (le train de 17h30)

   _____

9. Elle s'est déjà couchée. (après le départ des invités)

   _____

10. Ils sont déjà partis en Europe? (le 19)

    _____

11. Il faut manger les oranges. (avant la fin du mois)

    _____

12. Tu as appris à utiliser ton ordinateur? (avant la rentrée)

    _____

Repêchage

Complete the sentences with the appropriate future form of the infinitives in parentheses.

1.-2.   — Est-ce que vous (accompagner) _____ vos parents en Suisse?

       — Non, nous (aller) _____ au Portugal.

3.-4.   — Est-ce que les Bayrou (prendre) _____ le train avec Henri?

       — Non, il (revenir) _____ avant eux.

5.-6.   — Est-ce qu'on (avoir) _____ le temps de visiter la cathédrale?

       — Non, il (falloir) _____ rentrer tout de suite après la réunion.

7.-8.   — Est-ce que tu (pouvoir) _____ aller au cinéma avec nous?

       — Non, je (être) _____ à la maison pour fêter l'anniversaire de ma

       grand-mère.

9.-10.   — Est-ce qu'ils (voir) _____ Michèle à Lyon?

       — Oh, oui. Je suis sûr qu'elle les (inviter) _____ chez elle.

11.-12.-13. — Qu'est-ce que vous (faire) _____ après être rentrés?

       — Moi, je (se coucher) _____ tout de suite, mais Thierry (lire)

       _____ un peu.

14.-15.   — Est-ce qu'elles (sortir) _____ avec nous?

       — Probablement pas. Chantal (vouloir) _____ rester chez elle avec la petite.

See page 126 for the answers to the test. The total number of points is 15. If you received a score of 12 or better, you have passed the test. If you scored below 12, let your instructor know by placing an X in the box at the upper right-hand corner of the re-test.

Now proceed to the **Manuel de préparation** and do Exercise II on page 131.

MISE AU POINT 7   **Le présent du conditionnel**

Test

You've just found a suitcase full of money and no one has yet claimed it. Imagine what you and your friends would do with it by completing the sentences using the present conditional of the verbs in parentheses.

1. (acheter)   Je _____ des cadeaux pour tout le monde.

2. (mettre)   Paul _____ l'argent à la banque.

3. (travailler)   Mes parents ne _____ plus.

4. (inviter)   Vous _____ tous vos amis au restaurant?

5. (voyager)   Tu _____ partout en Europe?

6. (aller)   Philippe _____ au Mexique.

7. (faire)   Nous _____ le tour du monde.

8. (s'amuser)   Mes amis _____.

9. (finir)   Je _____ mes études.

10. (prendre)   Monique _____ des longues vacances.

11. (devenir)   Jean et Marc _____ artistes.

12. (construire)   Nous _____ une belle maison.

13. (falloir)   Il _____ avoir beaucoup d'imagination pour dépenser cet argent.

14. (continuer)   Annick _____ de travailler.

15. (vouloir)   Est-ce que vous _____ partager l'argent avec votre famille?

See page 127 for the answers to the test. The total number of points is 15. If you received a score of 12 or better, you have demonstrated sufficient control of the present conditional tense and may proceed directly to Exercise IX on page 196 in the **Manuel de préparation**.

If your score is less than 12, read the rules for forming the present conditional in the **Rappel** section immediately following this test; then do **Exercices de révision I, II, III**. After correcting these exercises (see page 127 for the answers), do the **Repêchage** test. Finally, proceed to Exercise IX on page 196 in the **Manuel de préparation**.

1. Regular Forms

The conditional tense in French is the equivalent of the English structure *would* + verb. To form the conditional tense, simply add the imperfect endings (**-ais, -ais, -ait, -ions, -iez, -aient**) to the infinitive of the verb. Notice that the final **-e** of a verb ending in **-re** is dropped before the conditional-tense ending is added:

arriver	partir	attendre
arriver-	partir-	attendr-
j'arriverais	je partirais	j'attendrais
tu arriverais	tu partirais	tu attendrais
il/elle/on arriverait	il/elle/on partirait	il/elle/on attendrait
nous arriverions	nous partirions	nous attendrions
vous arriveriez	vous partiriez	vous attendriez
ils/elles arriveraient	ils/elles partiraient	ils/elles attendraient

2. Irregular Forms

Many irregular verbs have irregular stems. These stems are the same as the ones used for the future tense.

aller	ir-	j'irais
avoir	aur-	tu aurais
envoyer	enverr-	on enverrait
être	ser-	elle serait
faire	fer-	nous ferions
falloir	faudr-	il faudrait
pouvoir	pourr-	vous pourriez
savoir	saur-	ils sauraient
voir	verr-	tu verrais
vouloir	voudr-	nous voudrions

3. Uses

In addition to expressing politeness (**je voudrais...** , **pourriez-vous...**), the conditional is used:

a.   To give advice:

   A ta place, **je trouverais** le temps d'y aller.
   A sa place, **je resterais** à la maison.

b.   To indicate that a certain event may not occur:

Si j'avais le temps, **je parlerais** à mes cousins.	If I had the time, *I would talk* to my cousins (but I don't have the time).
Si nous avions plus d'argent, **nous ferions** un voyage.	If we had more money, *we would take* a trip (but we don't have more money).

Exercices de révision

I. Soyons plus polis! Change the sentences to the polite form by using the present conditional.

1. Je veux parler à M. Imbert.

   _____

2. Pouvez-vous m'indiquer son adresse?

   _____

3. Savez-vous où il est allé?

   _____

4. Nous voulons vous demander un service.

   _____

5. Avez-vous le temps de me parler?

   _____

6. Je suis content de lui téléphoner.

   _____

7. Peux-tu dîner avec nous ce soir?

   _____

8. Françoise et moi, nous voulons bien y aller avec vous.

   _____

II. Quels conseils donneriez-vous? Give advice for each of the following problems. Use the present conditional and follow the model.

   MODELE   Mon frère s'ennuie à son travail. (chercher un autre travail)
   A sa place, je chercherais un autre travail.

1. Je suis toujours très fatigué. (se coucher plus tôt)

   _____

2. Depuis quelques semaines je grossis énormément. (ne pas prendre de frites)

   _____

3. Je n'ai jamais assez d'argent. (ne pas aller dans les grands magasins)

   _____

4. La femme d'Hervé Villot ne sait pas parler français. (apprendre le français)

   _____

5. J'ai une grippe depuis cinq jours. (consulter un médecin)

   _____

6. Nous n'avons pas envie de faire la cuisine ce soir. (dîner au restaurant)

_____

7. Mes parents n'aiment pas l'appartement où nous habitons. (acheter une maison)

_____

8. Mon frère a des difficultés en cours de chimie. (aller voir le prof)

_____

9. J'ai mal à la tête. (prendre des cachets d'aspirine)

_____

10. Nous ne savons pas qui inviter. (inviter mes meilleurs amis)

_____

11. Ma sœur a besoin d'argent encore une fois. (ne pas lui donner d'argent)

_____

III. Si vous pouviez choisir? Indicate the choices you would make in the following situations.

1. Si vous pouviez choisir, est-ce que vous dîneriez au Macdo ou dans un restaurant français?

_____

2. Si vous payiez le repas, est-ce que vous choisiriez le menu à 85F ou le menu à 120F?

_____

3. Et si vos amis vous invitaient à dîner, quel menu choisiriez-vous?

_____

4. Si vous vouliez maigrir, qu'est-ce que vous prendriez comme hors-d'oeuvre — l'assiette de crudités ou les œufs à la mayonnaise?

_____

5. Si vous n'aimiez pas le poisson, est-ce que vous commanderiez le filet de sole ou le bœuf bourguignon?

_____

6. Si vous aviez très faim, est-ce que vous mangeriez une salade ou du rôti de bœuf?

_____

7. Si vous vouliez grossir, qu'est-ce que vous choisiriez comme dessert — une glace ou un fruit?

_____

8. Si vous aviez le choix, qu'est-ce que vous prendriez comme boisson?

_____

9. Si le service n'était pas compris, combien est-ce que vous laisseriez de pourboire — 10 pour cent ou 15 pour cent?

_____

Repêchage

Sur une île déserte... Complete the sentences using the present conditional of the verbs in parentheses to indicate what different people would do if they could spend some time on a deserted island.

1. (vouloir)   Je _____ y passer au moins deux mois.

2. (faire)   Nous _____ le voyage en bateau.

3. (inviter)   Paul _____ sa petite amie.

4. (être)   L'île de mon choix _____ près de Tahiti.

5. (avoir)   Sur cette île il n'y _____ personne.

6. (aimer)   J'_____ emmener mon chien.

7. (mettre)   Mes amis _____ très peu de choses dans leurs valises.

8. (apporter)   Nous _____ beaucoup de livres.

9. (passer)   Est-ce que vous _____ votre temps à nager?

10. (apprendre) Nous _____ à construire une maison.

11. (écouter)   J'_____ beaucoup de musique.

12. (être)   On _____ content de rentrer chez soi après cette expérience.

See page 127 for the answers to the test. The total number of points is 12. If you received a score of 10 or better, you have passed the test. If you scored below 10, let your instructor know by placing an X in the box at the upper right-hand corner of the test.

Now proceed to the **Manuel de préparation** and do Exercise IX on page 196.

MISE AU POINT 8   **Les verbes pronominaux**

Test

Complete each sentence using the verb in parentheses. Use the tense given for each section or the tense indicated in parentheses.

La famille Maillot
present tense

1. (se lever) Jean et Cécile _____ à 6h30.
2. (s'habiller) Cécile prend une douche et _____ tout de suite.
3. (se raser) Jean _____ après le petit déjeuner.
4. (se réveiller) Leurs enfants _____ vers 7h15.
5. (se préparer) Ils _____ pour aller à l'école.

immediate future

6. (se retrouver) Ce soir, la famille _____ vers 5h.
7. (se promener) Ils _____ après le dîner.
8. (s'amuser) Les enfants _____ au parc.
9. (se détendre) Les parents _____.

passé composé

10. (se lever) Hier, c'était samedi. Jean et Cécile _____ assez tard.
11. (s'irriter) Les enfants faisaient beaucoup de bruit. Jean _____.
12. (se promener) L'après-midi, ils _____ en voiture.
13. (se parler) Le soir, Cécile et son amie _____ au téléphone.
14. (se coucher) Jean _____ très tôt parce qu'il était fatigué.

Moi et mes amis

15. (se lever / present) Le week-end, je _____ assez tard.
16. (se lever / present) Et toi, à quelle heure est-ce que tu _____ le week-end?
17. (s'amuser) / present) En général, mes amis et moi nous _____ beaucoup le week-end.
18. (se retrouver / passé composé) Samedi dernier, nous _____ au centre commercial.
19. (s'acheter / passé composé) Nous _____ beaucoup de choses.
20. (s'arrêter / passé composé) Ensuite, nous _____ à un café pour boire quelque chose.
21. (se mettre / passé composé) Le soir, je _____ à faire les devoirs.
22. (se reposer / passé composé) Et je _____ un peu.
23. (se coucher / passé composé) Ma famille et moi, nous _____ très tard.
24. (s'amuser / passé composé) Et vous, est-ce que vous _____ le week-end dernier?

See page 128 for the answers to the test. The total number of points is 24. If you received a score of 19 or better, you have demonstrated sufficient control of reflexive verbs and may proceed directly to Exercise IV on page 171 in the **Manuel de préparation.**

If your score is less than 19, read the explanation about reflexive verbs in the **Rappel** section immediately following this test; then do **Exercices de révision I, II, III.** After correcting these exercises (see page 128 for the answers), do the **Repêchage** test. Finally, proceed to Exercise IV on page 171 in the **Manuel de préparation.**

A **pronominal verb** (i.e., a verb accompanied by a pronoun) is used to indicate that the subject of the action is also its object. The subject, therefore, not only performs the action but is also the target of the action. A pronominal verb can be either reflexive or reciprocal.

A **reflexive verb,** as the name indicates, expresses an action that "reflects" back on the subject. For example, **je me lave** *(I wash myself).* Sometimes, verbs are reflexive in French but not in English: **il se rase** *(he's shaving* — literally, *he's shaving himself);* **elle se couche** *(she's going to bed* — literally, *she's putting herself to bed).*

A **reciprocal verb,** again as the name indicates, expresses an action in which two or more subjects interact; in other words, each subject both performs and is the target of the action. For example, **ils se parlent** *(they're talking to each other).*

Pronominal verbs in the singular are always reflexive. When they're used in the plural, the meaning may be either reciprocal or reflexive — **ils se parlent** could mean either *they're talking TO EACH OTHER* (he's talking to her, she's talking to him) or *they're talking TO THEMSELVES* (he's talking to himself, she's talking to herself). The context and the nature of the action indicate how the sentence is to be interpreted.

In either case, the subject (noun or pronoun) is accompanied by its corresponding reflexive or reciprocal pronoun (**me, te, se, nous, vous**); this pronoun precedes the verb, except in the command form.

1. Present Tense of Pronominal Verbs

se promener	
je me promène	nous nous promenons
tu te promènes	vous vous promenez
il/elle/on se promène	ils/elles se promènent

The negative is formed by putting **ne** in front of the reflexive pronoun and **pas** immediately after the verb: **Il ne se promène pas.** In a question with inversion, the subject and the verb are inverted as usual, while the reflexive pronoun remains in front of the verb: **Se promène-t-elle souvent?**

2. Immediate Future of Pronominal Verbs

In the immediate future, the pronominal verb with its pronoun follows the verb **aller: Je vais me reposer ce week-end. Nous allons nous retrouver au café. Ils vont se revoir demain.**

3. *Passé Composé* of Pronominal Verbs

In the **passé composé,** *all* pronominal verbs are conjugated with the auxiliary verb **être.** The reflexive or reciprocal pronoun is placed directly in front of the auxiliary verb.

se tromper	
je me suis trompé(e)	nous nous sommes trompé(e)s
tu t'es trompé(e)	vous vous êtes trompé(e)(s)
il s'est trompé	ils se sont trompés
elle s'est trompée	elles se sont trompées
on s'est trompé	

In most cases when the **passé composé** is used, the past participle agrees in gender and number with the preceding reflexive or reciprocal pronoun (direct object), which in turn stands for the subject. This agreement is illustrated in the conjugation of the verb **se tromper**. Note, for example, that **je** may be either masculine or feminine depending on who is speaking. If it is feminine, an -e must be added to the past participle.

In two situations this agreement does not occur.

a. When the verb takes an indirect object (i.e., is followed by a preposition):

Ils **se** sont téléphoné. (**téléphoner à**)
Nous **nous** sommes parlé. (**parler à**)
BUT: Ils **se** sont regardés. (**regarder** is not followed by a preposition in French)

b. When the verb is followed by a direct object noun:

Elle s'est lavé **les mains.** (**les mains** = direct object; **se** = indirect object)
Ils **se** sont coupé **les cheveux.** (**les cheveux** = direct object; **se** = indirect object)
BUT: Elle s'est lavée. Ils **se** sont coupés.

To form the negative, place **ne... pas** around the auxiliary verb: **Je ne me suis pas amusé(e).**

To form a question with inversion, invert the auxiliary verb and the pronoun: **Vous êtes-vous amusé(e)(s)?**

Exercices de révision

I. La routine. Create sentences using the elements given. Use the present tense of the pronominal verbs.

1. mon père / se réveiller de très bonne heure

   _____

2. mon frère / ne se dépêcher jamais le matin

   _____

3. je / se laver la tête tous les matins

   _____

4. ma sœur et ma mère / se maquiller toujours avant de sortir

   _____

5. mon père / ne se raser pas parce qu'il a une barbe

   _____

6. mes parents / s'embrasser souvent

   _____

7. mes parents / ne se disputer jamais

   _____

8. nous / se coucher vers minuit

   _____

9. mon père / s'endormir souvent devant la télé

   _____

10. nous / se reposer le soir

    _____

II. Pourquoi pas? Answer each question indicating that the following people are not doing something today because they did it yesterday. Use the **passé composé**.

MODELE Pourquoi est-ce que Paul ne se rase pas?
Parce qu'il s'est rasé hier.

1. Pourquoi est-ce que Robert ne s'occupe pas des enfants?

   _____

2. Pourquoi est-ce que les enfants ne se baignent pas?

   _____

3. Pourquoi est-ce que Nicole ne se lave pas la tête?

   _____

4. Pourquoi est-ce que Philippe ne se coupe pas les cheveux?

   _____

5. Pourquoi est-ce que vous ne vous retrouvez pas pour le déjeuner?

   _____

6. Pourquoi est-ce qu'elles ne se téléphonent pas?

   _____

7. Pourquoi est-ce que tu ne te couches pas de bonne heure?

   _____

8. Pourquoi est-ce que tu ne te reposes pas cet après-midi?

   _____

III. Des questions. Create questions using the following pronominal verbs in the **passé composé**. Use **est-ce que** with a variety of information question.

MODELE vous / se coucher
A quelle heure est-ce que vous vous êtes couché hier soir?

1. tu / se réveiller

   _____

2. ils / se promener

   _____

3. vous et vos amis / se parler

   _____

4. elle / s'inquiéter

   _____

5. vous / se retrouver

   _____

6. ils / se téléphoner

   _____

7. tu / se promener

   _____

8. vous / s'amuser

   _____

9. elles / se parler

   _____

10. vous / se voir

   _____

Repêchage

Complete each sentence using the verb in parentheses. Be careful about the tense and agreement.

1. (se dépêcher / passé composé) Elle _____ ce matin.

2. (se téléphoner / passé composé) Nous _____ plusieurs fois.

3. (se lever / present) Je ne _____ jamais avant 7h.

4. (se lever / present) Est-ce que vous _____ très tôt le matin?

5. (se servir / immediate future) Elle _____ d'un ordinateur.

6. (se fiancer / passé composé) Ils _____ il y a huit jours.

7. (s'inquiéter / present) Je _____ quand tu sors tout seul le soir.

8. (se reposer / passé composé) Pendant ces vacances, nous _____.

9. (s'arrêter / passé composé) Est-ce que vous _____ chez le boulanger?

10. (s'acheter / passé composé) Qu'est-ce que tu _____?

11. (se renseigner / passé composé) Nous _____ auprès de l'agent de police.

12. (s'habiller / present) Ce garçon _____ très mal.

13. (se retrouver / immediate future) Où est-ce qu'on _____?

14. (se tromper / passé composé) Elle _____ de numéro.

15. (se laver / passé composé) Est-ce que tu _____ les mains?

16. (se voir / present) Est-ce que vous _____ souvent?

See page 129 for the answers to the test. The total number of points is 16. If you received a score of 13 or better, you have passed the test. If you scored below 13, let your instructor know by placing an X in the box at the upper right-hand corner of the test.

Now proceed to the **Manuel de préparation** and do Exercise IV on page 171.

MISE AU POINT 9

L'infinitif et le subjonctif avec les expressions de nécessité

Test   9/10   18

Complete the sentences with the verbs in parentheses. Use either the infinitive or the present subjunctive, depending on the structure of the sentence.

1. (parler)   Il faut que vous _parliez_ au directeur.

2. (prendre)   Est-il nécessaire que je _prennes_ ce cours?

3. (faire)   Il faut _faire_ attention!

4. (finir)   Il est absolument nécessaire de _finir_ ce soir.

5. (aller)   Il faut que tu _ailles_ en ville.

6. (avoir)   Il est important que nous _ayons_ l'heure de son arrivée.

7. (être)   Il vaut mieux qu'elle _soit_ avec toi.

8. (attendre)   Il faut que tu _attendes_ ici.

9. (faire)   Il faut qu'ils _fassent_ un effort plus sérieux.

10. (sortir)   Il est nécessaire que je _sorte_ avec eux.

See page 129 for the answers to the test. The total number of points is 18. If you received a score of 14 or better, you have demonstrated sufficient control of this structure and may proceed directly to Exercise X on page 17 in the **Manuel de préparation.**

If your score is less than 14, read the rules for the use of the infinitive and the subjunctive with expressions of necessity in the **Rappel** section immediately following this test; then do **Exercices de révision** I and II. After correcting these exercises (see page 129 for the answers), do the **Repêchage** test. Finally, proceed to Exercise X on page 17 in the **Manuel de préparation.**

Rappel   L'infinitif et le présent du subjonctif avec les expressions de nécessité

1. Expressions of necessity + infinitive or subjunctive

Il faut **attendre** un moment.   It's necessary to *wait* a moment.
Il est nécessaire de **vérifier** les résultats.   It's necessary to *verify* the results.

In the above sentences, the expressions of necessity **il faut** and **il est nécessaire (de)** are followed by an infinitive because no specific subject is given for the second verb. They can be understood either as general statements — everyone has to wait a moment, everyone has to verify his/her results — or as statements applying to a particular person (or persons) who is (are) clear from a previous statement. Notice that the expression **il est nécessaire** requires **de** before an infinitive; **il faut** is followed directly by the infinitive.

Il faut que **tu attendes** un moment.

Il est nécessaire que **vous vérifiiez**
les résultats.

It's necessary that *you wait* a moment.
(You have to wait a moment.)

It's necessary that *you verify* the results.
(You have to verify the results.)

In this second set of sentences, a specific subject for the second verb is given; consequently, the expressions of necessity **il faut (que)** and **il est nécessaire (que)** are followed by a verb conjugated in the present of the subjunctive. Notice that the conjugated verb is preceded by the conjunction **que.**

Other expressions of necessity used in the same way include: **il est important (de)**, **il vaut mieux**, **il est essentiel (de).**

2. Conjugation of the present subjunctive

The following endings are used with all verbs in the present subjunctive except **avoir** and **être: -e, -es, -e, -ions, -iez, -ent.** As with any other verb formation, you must first determine the verb stem to which the endings will be added.

a. Regular -er, -ir, -re verbs and the verbs **partir** and **sortir**

The simplest way to find the subjunctive stem is by dropping the **-ons** ending from the present tense **nous** form before adding the subjunctive endings:

nous parlons   Il faut que tu **parles** français.

b. **Avoir** and **être** in the present subjunctive

avoir   (que) j'aie, tu aies, il/elle/on ait, nous ayons, vous ayez, ils/elles aient
être   (que) je sois, tu sois, il/elle/on soit, nous soyons, vous soyez, ils/elles soient

c. Some common irregular verbs in the present subjunctive

aller   (que) j'aille, tu ailles, il/elle/on aille, nous allions, vous alliez, ils/elles aillent
prendre   (que) je prenne, tu prennes, il/elle/on prenne, nous prenions, vous preniez, ils/elles prennent
faire   (que) je fasse, tu fasses, il/elle/on fasse, nous fassions, vous fassiez, ils/elles fassent

Exercices de révision

I. Le présent du subjonctif. Complete each sentence with the present subjunctive of the verb in parentheses.

1. (arriver)   Il faut que tu ___arrives___ à l'heure.
2. (choisir)   Il est important que nous ___choisissions___ le bon chemin.
3. (attendre)   Il vaut mieux qu'elle ___attende___ ici.
4. (partir)   Il est nécessaire que je ___parte___ avant les autres.
5. (être)   Il est essentiel que vous ne ___soyez___ pas en retard.
6. (avoir)   Il faut que nous ___ayons___ le temps de parler.
7. (aller)   Il est nécessaire que j' ___aille___ en ville.
8. (aller)   Il vaut mieux que vous y ___alliez___ avec eux.
9. (prendre)   Il est important que tu ___prennes___ ton temps.
10. (faire)   Il faut qu'ils ___fassent___ attention!
11. (être)   Il est nécessaire que le professeur ___soit___ là.
12. (prendre)   Il faut que vous ___preniez___ le train.

13. (avoir)   Il est essentiel qu'elle _ait_ le temps de réfléchir.

14. (répondre) Il vaut mieux que tu _répondes_ tout de suite.

15. (écouter) Il est important que vous _écoutiez_ bien.

II. Un semestre en France.
You are spending a semester in France with a study program. You and your classmates are talking with the director of the program. Complete the dialogue using the suggested expressions. Distinguish between sentences where it is necessary to use the infinitive and those where it is necessary to use the subjunctive.

MODELES   il faut / étudier / nous
— *Il faut étudier.*
— *Nous aussi?*
— *Oui, il faut que vous étudiiez aussi.*

il est important / faire attention en classe / Pierre
— *Il est important de faire attention en classe.*
— *Pierre aussi?*
— *Oui, il est important qu'il fasse attention en classe aussi.*

1. il faut / aller régulièrement à la bibliothèque / moi

_____

_____

_____

2. il est important / faire tous les devoirs / nous

_____

_____

_____

3. il est nécessaire / visiter le Louvre / Janine

_____

_____

_____

4. il vaut mieux / rester avec le groupe / les garçons

_____

_____

_____

5. il est essentiel / être à l'heure pour les réunions / vous

_____

_____

_____

6. il faut / apprendre à utiliser le métro / moi

_____

_____

_____

Repîchage

Complete the sentences with the verbs in parentheses. Use either the infinitive or the present subjunctive, depending on the structure of the sentence.

1. (sortir)   Il est important de ___*sortir*___ avec ses amis de temps en temps.

2. (répondre) Il faut qu'elle ___*réponde*___ à la question.

3. (parler)   Il vaut mieux que nous ___*parlions*___ français.

4. (partir)   Est-il absolument nécessaire que tu ___*partes*___ maintenant?

5. (aller)   Il faut que j' ___*aille*___ à la banque.

6. (faire)   Il est important de ___*faire*___ de son mieux.

7. (être)   Il est essentiel qu'il ___*soit*___ à l'heure.

8. (réussir)   Il est important que vous ___*réussiez*___ à l'examen.

9. (prendre) Il faut que tu ___*prennes*___ l'autobus.

10. (faire)   Il vaut mieux qu'elles ___*fassent*___ le voyage avec nous.

See page 130 for the answers to the test. The total number of points is 18. If you received a score of 14 or better, you have passed the test. If you scored below 14, let your instructor know by placing an X in the box at the upper right-hand corner of the re-test.

Now proceed to the **Manuel de préparation** and do Exercise X on page 17.

aller
être
avoir - aie(s)/ayons
faire
pouvoir - puisse(s)/puissions
boire - boive/buvions
savoir
prendre

Je suis contente d'être ici.

MISE AU POINT 10

L'infinitif et le subjonctif avec les expressions d'émotion

Test

Complete the sentences with the verbs in parentheses. Use either an infinitive or the present subjunctive.

1. (être)   Je suis désolé que tu _____ sois _____ malade.
2. (pouvoir)   Nous sommes contents que vous _____ puissiez _____ nous accompagner.
3. (faire)   Il n'aime pas _____ faire _____ ses devoirs.
4. (aller)   Ils sont heureux de (d') _____ aller _____ en France.
5. (venir)   Je suis navrée qu'ils ne _____ viennent _____ pas.
6. (aider)   Elle est contente de nous _____ aider _____ .
7. (faire)   Je n'ai pas peur de _____ faire _____ des erreurs.
8. (avoir)   Nous sommes étonnés que tu _____ aies _____ rendez-vous avec lui.
9. (aller)   Elles sont ravies que vous _____ alliez _____ à Paris.
10. (vouloir)   Je suis contente qu'ils _____ veuillent _____ étudier le français.

See page 130 for the answers to the test. The total number of points is 16. If you received a score of 13 or better, you have demonstrated sufficient control of this structure and may proceed directly to Exercise X on page 65 in the **Manuel de préparation**.

If your score is less than 13, read the rules for the infinitive and the subjunctive with expressions of emotion in the **Rappel** section immediately following this test; then do **Exercices de révision** I and II. After correcting these exercises (see page 130 for the answers), do the **Repêchage** test. Finally, proceed to Exercise X on page 65 in the **Manuel de préparation**.

Rappel   L'emploi de l'infinitif et du présent du subjonctif avec les expressions d'émotion

1. Expressions of emotion + infinitive or subjunctive

Expressions of emotion may be followed by either an infinitive or the subjunctive. The general rule is that when the person of the second clause is the *same* person as in the first clause (i.e., in the expression of emotion), you use the infinitive. On the other hand, when the person of the second clause is *different* from the person in the first clause, you use the subjunctive.

Je suis content d'**aller** à Rome.   I'm happy *to be going* to Rome.

In this sentence, it is clear that the person who is happy and the person who is going to Rome are *the same person*. Therefore, the infinitive appears in the second clause. Note that the expression of emotion is followed by **de (d')**.

Je suis content que tu **ailles** à Rome.   I'm happy that you*'re going* to Rome.

In this sentence, the person who is happy and the person who is going to Rome are *two different people.* It is therefore necessary to use the present subjunctive in the second clause.

REMINDER: The subjunctive mood is used in sentences with more than one clause in which the speaker or writer is expressing feeling. The sentences are composed of two clauses connected by **que**; the subjunctive is used only in the second clause, i.e., after **que.**

Note that the present subjunctive is used when you want to express an action that is simultaneous or future to the feeling expressed in the first clause.

2. The present subjunctive of irregular verbs

You've already reviewed the present subjunctive of the most common irregular verbs (**Mise au point 9**). Here are the conjugations of four additional irregular verbs.

voir
(que)   je voie, tu voies, il/elle/on voie, nous voyions, vous voyiez, ils/elles voient

pouvoir
(que)   je puisse, tu puisses, il/elle/on puisse, nous puissions, vous puissiez, ils/elles puissent

savoir
(que)   je sache, tu saches, il/elle/on sache, nous sachions, vous sachiez, ils/elles sachent

vouloir
(que)   je veuille, tu veuilles, il/elle/on veuille, nous voulions, vous vouliez, ils/elles veuillent

3. Frequently used expressions of emotion

regretter (de) (que)	**être heureux(se) (de) (que)**
être triste (de) (que)	**être ravi(e) (de) (que)**
être navré(e) (de) (que)	**être surpris(e) (de) (que)**
être désolé(e) (de) (que)	**être étonné(e) (de) (que)**
être soulagé(e) (de) (que)	**être fâché(e) (de) (que)**
être content(e) (de) (que)	**être déçu(e) (de) (que)**
avoir peur (de) (que)	**être furieux(se) (de) (que)**

Exercices de révision

I. On réagit. Use one of the expressions of emotion + the present subjunctive to react to the following statements. Begin each sentence with the pronoun in parentheses.

MODELE   Il ne peut pas aller à la soirée. (je)
                Je suis furieux(se) qu'il ne puisse pas aller à la soirée.

1. Vous réussissez à vos examens. (nous)

   _____

2. Tu manges bien. (je)

   _____

3. Il maigrit. (elle)

   _____

4. Elle peut nous accompagner. (je)

_____

5. J'ai des bonnes notes. (ils)

_____

6. Nous sommes patients? (tu)

_____

7. Elles veulent étudier le chinois. (il)

_____

8. Tu sais la vérité. (je)

_____

9. Il est malade. (nous)

_____

10. Je ne veux pas visiter Paris. (elle)

_____

11. Vous sortez souvent. (il)

_____

12. Nous voyons nos parents très rarement. (je)

_____

13. Nous faisons des progrès. (ils)

_____

II. Nous sommes contents. Change each sentence by adding the elements given in parentheses. Use either the infinitive or the subjunctive.

MODELES   Je vais aller en France l'année prochaine. (Mon prof est content...)
Mon prof est content que j'aille en France l'année prochaine.

Je vais aller en France l'année prochaine. (Je suis content[e]...)
Je suis content(e) d'aller en France l'année prochaine.

1. Cet appartement est très grand. (Nous sommes soulagés...)

_____

2. Marie ne sait pas nager. (Je suis déçu[e]...)

_____

3. Mes parents vont déménager en Floride. (Mes parents sont heureux...)

_____

4. Les enfants veulent sortir ce soir. (Je ne suis pas content[e]...)

_____

5. Nous n'avons pas de problèmes. (Nous sommes soulagés...)

_____

6. Elle va quitter le quartier. (Elle est triste...)

_____

7. Je vais devenir professeur de français. (Mes parents sont ravis...)

_____

8. Tu rentres en France? (Tu regrettes...)

_____

Repêchage

Complete the conversation using the verbs in parentheses. Make sure that you distinguish between the use of the infinitive and the use of the subjunctive.

Paul et Dominique discutent des appartements qu'ils viennent de visiter. Ils doivent bientôt prendre une décision et ils parlent des avantages et des inconvénients de chaque appartement.

PAUL: J'aime bien le premier appartement mais je suis surpris qu'il n'y (avoir) ___ait___ pas de salle à manger.

DOMINIQUE: T'as raison. Et je ne suis pas du tout contente d'(avoir) ___avoir___ seulement une chambre à coucher. J'ai peur qu'elle ne (être) ___soit___ trop petite pour trois personnes.

PAUL: Et qu'est-ce que tu penses de l'appartement dans la rue Fouchet?

DOMINIQUE: Je suis ravie qu'il (se trouver) ___se trouve___ près de mon travail et que je (pouvoir) ___puisse___ prendre le métro, mais je n'aime pas le propriétaire. Il est fâché que nous ne (vouloir) ___voulions___ pas payer le loyer qu'il propose. J'ai peur qu'il ne nous (aider) ___aide___ pas beaucoup s'il y a des problèmes.

PAUL: Je suis d'accord avec toi. Et l'appartement près de l'église? Je regrette que les voisins (faire) ___fassent___ tant de bruit, mais c'était peut-être exceptionnel le jour où nous y étions.

DOMINIQUE: Oui, mais tout de même, c'est un problème, surtout avec le bébé. Alors, il ne nous reste que l'appartement dans la banlieue. Il n'est pas mal.

PAUL: Oui, mais nos parents vont être tristes que nous (habiter) ___habitions___ si loin d'eux.

DOMINIQUE: Je leur ai déjà téléphoné. Bien sûr, ils sont désolés que leur petit enfant ne les (voir) ___voie___ pas tous les jours, mais ils comprennent que c'est une question d'argent et de confort.

PAUL: Tu sais, franchement, moi, je suis content d'(habiter) ___habiter___ un peu plus loin d'eux. Ils sont gentils, mais...

DOMINIQUE: Je comprends. Moi aussi, je suis soulagée de (commencer) ___commencer___ une vie à nous trois. On peut les voir le week-end.

See page 131 for the answers to the test. The total number of points is 21. If you received a score of 17 or better, you have passed the test. If you scored below 17, let your instructor know by placing an X in the box at the upper right-hand corner of the re-test.

Now proceed to the **Manuel de préparation** and do Exercise X on page 65.

MISE AU POINT 11

L'infinitif et le subjonctif avec les expressions de volonté

Test

Complete each sentence with the verb in parentheses. Use either the infinitive or the present subjunctive, depending on the structure of the sentence.

1. Nous voulons (partir) _____partir_____ le plus tôt possible.
2. Comment! Elle ne veut pas que tu (prendre) _____prennes_____ le train avec nous?
3. Franchement, je préfère (rester) _____rester_____ chez moi.
4. Je voudrais que vous (regarder) _____regardiez_____ tous cette photo.
5. En général, les professeurs préfèrent que les élèves (être) _____soient_____ assis quand la classe commence.
6. Roger est vraiment impossible! Il veut absolument (avoir) _____avoir_____ la dernière parole.
7. C'est vrai? Ils ne veulent pas (faire) _____faire_____ du ski?
8. Pourquoi est-ce qu'il veut que vous (trouver) _____trouviez_____ votre chambre vous-même?

Now use the verbs indicated below to write the French equivalents of the following English sentences.

Verbes: **vouloir / préférer / attendre / déjeuner au restaurant (à la maison)**

9. She wants us to wait.

   Elle veut que nous attendions.

10. But I don't want to wait.

    Mais je ne veux pas attendre

11. I want to have lunch at the restaurant.

    Je veux déjeuner au restaurant

12. My parents prefer that we have lunch at home.

    Mes parents préfèrent que nous déjeunions à la maison.

See page 131 for the answers to the test. The total number of points is 20. If you received a score of 16 or better, you have demonstrated sufficient control of this structure and may proceed directly to Exercise IX on page 237 in the **Manuel de préparation**.

If your score is less than 16, read the rules for the use of the infinitive and the subjunctive with verbs of desire or preference in the **Rappel** section immediately following this test; then do **Exercices de révision** I and II. After correcting these exercises (see page 131 for the answers), do the **Repêchage** test. Finally, proceed to Exercise IX on page 237 in the **Manuel de préparation**.

Je veux le **faire** moi-même.   *I want to do it myself.*
Ils préfèrent descendre dans un hôtel.   *They prefer staying in a hotel.*

When the subject of the verbs **vouloir** and **préférer** is the same as the subject of the action, use an infinitive.

Je veux que tu le **fasses.**   *I want you to do it.*
Ils préfèrent que nous descendions   *They prefer that we stay in a*
     dans un hôtel.   *hotel.*

When the subject of the sentence is expressing a desire or a preference dealing with someone else's actions, you must use the subjunctive. Notice that in English, sentences of this sort with *to want* are often constructed with an infinitive: *I want you to do it. They want us to stay in a hotel.* However, in French, if the subject of both verbs is not the same, you must use **que** and the subjunctive.

See **Mise au point 9** and **10** for the subjunctive of regular and irregular verbs.

Exercices de révision

I. Les différends. People's desires and wishes are often in conflict. Complete the following sentences with an infinitive or an appropriate form of the present subjunctive, depending on the number of subjects involved.

1. Henri veut (aller) _____aller_____ en Angleterre cet été, mais ses parents veulent qu'il

   (repasser) _____repasse_____ son bac.

2. Mon père veut que je (faire) _____fasse_____ du droit, mais je ne veux pas (être)

   _____être_____ avocat. Je préférerais (avoir) _____avoir_____

   un travail moins sédentaire.

3. Quand nous voyageons, mes parents préfèrent (prendre) _____prendre_____ le train, mais

   moi, je voudrais que nous (prendre) _____prenions_____ l'avion de temps en temps.

4. Tu veux que j'(attendre) _____ la fin du semestre? Mais moi, je veux

   (partir) _____ tout de suite.

5. Comment? Elles veulent que nous (aller) _____ au cinéma? Moi, je veux bien,

   mais Sabine n'aime pas beaucoup le cinéma. Elle préfère (aller) _____ à un bon

   concert.

6. Vous voulez qu'elle (venir) _____ à Paris et elle veut que vous lui (rendre)

   _____rendiez_____ visite à Genève. Pourquoi pas vous retrouver à Grenoble?

II. Traduisez! In order to avoid the confusion created by the use of the infinitive in English even when there are two different subjects, use French constructions and the verbs in parentheses to give an equivalent of the following English sentences.

1. I want to arrive on time. (**arriver à l'heure**)

   _____

2. She wants us to arrive on time.

   _____

3. We want them to leave immediately. (**partir tout de suite**)

   _____

4. They don't want to leave.

   _____

5. I prefer walking there. (**y aller à pied**)

   _____

6. She doesn't want me to walk there.

   _____

7. Her parents want her to go to bed. (**se coucher**)

   _____

8. She doesn't want to go to bed.

   _____

9. She prefers that we do something else. (**faire autre chose**)

   _____

10. I don't want to do something else.

   _____

Repêchage

Complete each sentence with the verb in parentheses. Use either the infinitive or the present subjunctive, depending on the structure of the sentence.

1. Mon père voudrait que nous (dîner) _____ au restaurant.

2. Maman ne veut pas que nous (aller) _____ au bar.

3. Est-ce que vous voulez (regarder) __*regarder*__ un film à la télé ce soir?

4. Nos parents préfèrent que nous (ne pas prendre) __*ne prenions pas*__ la voiture le soir.

5. Je veux absolument (savoir) _____ ce qui s'est passé.

6. En général, je préfère (voyager) _____ en avion.

7. Vous ne voulez pas que les fenêtres (être) __*soient*__ ouvertes?

8. Mon mari ne veut pas (payer) _____ les impôts cette année.

Now use the verbs indicated below to write the French equivalents of the following English sentences.

VERBES: vouloir / préférer / aller en Italie (en Espagne) / être artiste-peintre / faire sa médecine

9. She doesn't want me to go to Italy.

   _____

10. She prefers that I go to Spain.

   _____

11. Georges wants to be a painter.

   _____

12. His parents want him to study medicine.

   _____

See page 131 for the answers to the test. The total number of points is 20. If you received a score of 16 or better, you have passed the test. If you scored below 16, let your instructor know by placing an X in the box at the upper right-hand corner of the re-test.

Now proceed to the **Manuel de préparation** and do Exercise IX on page 237.

MISE AU POINT 12

L'indicatif et le subjonctif avec les expressions de certitude et de doute

Test

Complete the following sentences by adding the correct form (present tense of the indicative or present subjunctive) of the verbs in parentheses.

1. (aller)   Il est possible que je _____ aille _____ en France cet été.

2. (être)   Je suis sûr qu'elle _____ est _____ chez Marcel.

3. (être)   Il est probable qu'ils _____ sont _____ malades.

4. (venir)   Il se peut que Jacques _____ vienne _____ avec nous.

5. (être)   Je doute qu'ils _____ soient _____ malades.

6. (ne pas faire)   Il est clair que tu _____ ne fais pas _____ attention.

7. (sortir)   Il est douteux qu'elle _____ sorte _____ ce soir.

8. (ne pas connaître)   Il est vrai que nous _____ ne connaissons pas _____ bien le Québec.

9. (ne pas aimer)   Il est évident qu'ils _____ n'aiment pas _____ le fromage.

10. (avoir)   Il est possible que nous _____ ayons _____ tort.

See page 132 for the answers to the test. The total number of points is 20. If you received a score of 16 or better, you have demonstrated sufficient control of this structure and may proceed directly to Exercise III on page 76 in the **Manuel de préparation.**

If your score is less than 16, read the rules for the use of the indicative and the subjunctive with expressions of certainty and doubt in the **Rappel** section immediately following this test; then do the **Exercice de révision.** After correcting these exercises (see page 132 for the answers), do the **Repêchage** test. Finally, proceed to Exercise III on page 76 in the **Manuel de préparation.**

Rappel   L'indicatif et le subjonctif avec les expressions de certitude et de doute

1. Expressing doubt

Il se peut qu'il **vienne**.   It's possible he'll *come*.

In French, the subjunctive is used to express uncertainty (doubt) about whether something is true or will in fact occur. Doubt is generally indicated by expressions that will signal to you the need for the subjunctive. The most common of the expressions of doubt are:

il est possible que   **il est douteux que**
il se peut que   **il est impossible que**
douter   **ne pas penser que**

2. Expressing certainty

Je suis sûr que le courrier **arrivera** avant 14h.
I'm sure the mail *will arrive* before 2:00 p.m.

On the other hand, if an expression is used that indicates certainty about an idea or event, you use the appropriate tense of the indicative (present, **passé composé**, immediate future, future, etc.). The expressions that are most commonly used to indicate certainty are:

il est certain que	il est sûr que	être certain(e) que
il est clair que	il est vrai que	penser que
il est évident que	être sûr(e) que	il est probable que

Tomorow

Exercice de révision

Vous êtes sûrs? Rewrite the following sentences by adding the expressions in parentheses. Keep the indicative if the sentence indicates certainty; change the verb to the present subjunctive if the sentence indicates doubt.

MODELES   Je vais réussir à l'examen. (Mon prof est sûr)
Mon prof est sûr que je vais réussir à l'examen.

Je vais réussir à l'examen. (Mon prof doute)
Mon prof doute que je réussisse à l'examen.

1. Nous allons trouver un appartement. (Je suis sûr)

_____

2. Je vais me marier. (Mes parents pensent)

_____ *mari* _____

3. Je suis capable de piloter un avion. (Elles doutent)

Elles doutent que je sois capable de

4. Elle va faire des études de droit. (Il se peut)

Il se peut qu'elle ofasse ive des

5. Nos amis sont encore au Cameroun. (Nous sommes certains)

_____

6. Elle va finir ses devoirs. (Il est impossible)

Il est impossible qu'elle ofinisser ses

7. Il va faire le ménage. (Je doute)

Je doute qu'il fasse le

8. Le prof n'a pas corrigé mon examen. (Il est évident)

Il est douteux que tu sois à l'heure

9. Tu es à l'heure. (Il est douteux)

_____

10. Je vais gagner une fortune à la loterie. (Mes amis ne pensent pas)

Mes amis ne pensent pas que je gagne une

11. Il va faire beau ce week-end. (Il est probable)

_____

12. Le train est déjà parti. (Il est certain)

_____

Repêchage

Write sentences using the elements provided. Remember to use either the present tense of the indicative (or the immediate future) or the present subjunctive depending on the expression.

MODELE   je / être sûr / tu / réussir...
Je suis sûr(e) que tu vas réussir aux examens.

1. il est certain / elle / accompagner...

_____

2. nous / ne... pas penser / vous / arriver...

_____

3. il est possible / je / aller...

_____

4. il est probable / ils / faire...

_____

5. il est vrai / nous / ne... pas déménager...

_____

6. il se peut / je / sortir...

_____

7. il est douteux / nous / avoir...

_____

8. elle / douter / tu / être...

_____

9. je / être sûr / vous / oublier...

_____

10. il est possible / elles / venir...

_____

See page 132 for the answers to the test. The total number of points is 20. If you received a score of 16 or better, you have passed the test. If you scored below 16, let your instructor know by placing an X in the box at the upper right-hand corner of the re-test.

Now proceed to the **Manuel de préparation** and do Exercise III on page 76.

MISE AU POINT 13   Les articles définis, indéfinis et partitifs

Test

Allons au centre commercial. Complete the following dialogue by adding the appropriate articles — definite, indefinite, and partitive.

— Par où est-ce qu'on commence?

— Moi, je voudrais acheter _____ cartes pour le Nouvel An. Et il me faut aussi _____ stylo. Je n'ai plus _____ stylo.

— Tu veux donc aller à _____ papeterie? Ce n'est pas très intéressant. Moi, je préfère aller à _____ bijouterie. Ils ont _____ bracelet que j'aime beaucoup.

— Ah, oui. Ils ont aussi _____ boucles d'oreille formidables.

— Eh ben... Moi, je dois acheter _____ jouet pour mon frère. Il adore _____ jeux vidéo.

— Il voudrait peut-être _____ ballon de foot. _____ petits garçons aiment jouer au football.

— Non. Il n'aime pas _____ football. Il préfère _____ musique. Je vais peut-être lui acheter _____ disques compacts ou _____ cassette. Et toi, qu'est-ce que tu veux faire?

— D'abord, il me faut _____ blouson. Ensuite, j'ai promis à ma mère d'aller au supermarché pour acheter _____ café, _____ confiture et _____ fruits.

— Tu dois aussi acheter _____ glace et _____ biscuits?

— Non, nous n'avons pas besoin _____ glace. Et elle ne m'a pas demandé d'acheter _____ biscuits.

— Bon. Le supermarché, laissons ça pour la fin. Entretemps, on va se séparer pour aller où on veut. Rendez-vous dans trois heures devant _____ magasin de sport.

— D'accord.

See page 133 for the answers to the test. The total number of points is 24. If you received a score of 19 or better, you have demonstrated sufficient control of articles and may proceed directly to Exercise III on page 191 in the **Manuel de préparation.**

If your score is less than 19, read the explanation about the use of articles in the **Rappel** section below; then do **Exercices de révision I, II, III.** After correcting these exercises (see page 133 for the answers), do the **Repêchage** test. Finally, proceed to Exercise III on page 191 of the **Manuel de préparation.**

Rappel   Les articles définis, indéfinis et partitifs

Unlike English, French usually requires the use of an article before a noun. This article must agree in gender and number with the noun it modifies (i.e., masculine, feminine, singular, plural). Three of the most commonly used articles are the definite article (**le, la, l', les**), the indefinite article (**un, une**), and the partitive article (**du, de la, de l', des**).

1. Definite articles

The definite article has two basic functions.

a. To refer to a very specific noun (the equivalent of *the* in English).

Est-ce que tu as apporté **le** disque compact?	Did you bring *the* compact disk?
Est-ce que vous avez vu **la** voiture de Suzanne?	Did you see *Susan's* car *(the* car of Susan)?
J'ai mis **les** fruits dans le frigo.	I put *the* fruit into the refrigerator.

b. To refer to general preferences with verbs such as **aimer, adorer, détester, préférer, aimer mieux, aimer bien.** In English, we generally do not use any modifier in this type of statement.

J'aime beaucoup **le** pain, mais je préfère **les** croissants.	I like bread very much, but I prefer croissants.
J'adore **le** café, mais je déteste **le** thé.	I love coffee, but I hate tea.

2. Indefinite articles

The indefinite articles **un, une** are equivalent to the English *a* or *an.* Note that the plural is **des,** which is generally omitted in English. **Un, une,** and **des** become **de** after a negative.

Vous avez acheté **une** baguette?	Did you buy *a* baguette?
Non, je **n'**ai **pas** acheté **de** baguette.	No, I did*n't* buy *a* baguette.

3. Partitive articles

As the name indicates, partitive articles (**du, de la, de l', des**) are used to express the idea of *a part* (not the whole) of something. The partitive article is equivalent to *some* or *any* in English. In English, the partitive is often omitted; in French, it *must be* expressed. Partitive articles become **de** after the negative.

Est-ce que vous avez **du** jambon?	Do you have ham?
Oui, et nous avons **des** saucisses aussi.	Yes, and we also have sausages.
Vous avez **de la** mayonnaise?	Do you have mayonnaise?
Non, nous **n'**avons **pas de** mayonnaise.	No, we do*n't* have *any* mayonnaise.

Exercices de révision

I. J'aime... , je n'aime pas... Write out short conversations based on the model. Remember to change the partitive articles to **de** after the negative. But don't change the definite articles!

MODELE   prendre / limonade / non / ne pas aimer
— *Tu prends de la limonade?*
— *Non, je ne prends pas de limonade. Je n'aime pas la limonade.*

1. prendre / pâté / non / ne pas aimer

_____

_____

2. vouloir / café / non / ne pas aimer

_____

_____

3. aller acheter / jambon / non / détester

_____

_____

4. aller manger / soupe / non / ne pas aimer

_____

_____

5. prendre / eau minérale / non / détester

_____

_____

_____

II. Vous désirez? Write out short conversations based on the model. Distinguish between uses of the partitive and the indefinite articles.

MODELE   café / express   — _Vous désirez du café?_ — _Oui, je voudrais un express._

1. thé / thé au citron _____

_____

2. fruits / banane, orange _____

_____

3. pâtisseries / éclair, tartelette aux pommes _____

_____

4. pain / baguette, pain de campagne _____

_____

5. café / café au lait _____

_____

III. Vous aimez... ? Write out short conversations based on the model. Distinguish among uses of the partitive, the definite, and the indefinite articles.

MODELE   pain / baguette, pain de campagne
        — _Vous aimez le pain?_ — _Oui, j'aime beaucoup le pain._
        — _Est-ce que vous avez acheté du pain hier?_
        — _Oui, j'ai acheté une baguette et un pain de campagne._

1. pâtisseries / tarte aux pommes, gâteau au chocolat

_____

_____

_____

2. pâtisseries / religieuse, tartelette aux fraises

_____

_____

_____

3. eau minérale / bouteille de Vittel, bouteille de Perrier

_____

_____

_____

4. pain / pain au chocolat, petit pain

_____

_____

_____

Repêchage

Complete the dialogue using definite, indefinite, and partitive articles.

— Qu'est-ce que tu prends pour _____ petit déjeuner? _____ café ou _____ thé?

— Je ne prends pas _____ café. Je préfère _____ thé.

— Tu manges quelque chose?

— Oui, en général, je mange _____ croissant avec _____ beurre et _____ confiture. Quelquefois je bois aussi _____ jus d'orange.

— Il est bien français, ton petit déjeuner. Moi, comme Américaine, j'adore _____ petit déjeuner avec _____ œufs, _____ bacon ou _____ saucisses. Je ne mange pas _____ croissants mais j'aime _____ toast.

— Mais vous, les Américains, vous aimez aussi _____ céréales, n'est-ce pas?

— Oui, mais moi, je n'aime pas beaucoup _____ céréales. Mais mes frères mangent _____ céréales tous les matins.

— Et qu'est-ce que tu bois?

— Ça dépend. J'aime bien _____ lait, mais je bois aussi _____ jus et quelquefois _____ café.

— C'est _____ très grand repas. Moi, j'aurais _____ difficultés à avaler (to swallow) tout ça à 7h du matin.

— Oui, je comprends. C'est _____ question d'habitude.

See page 133 for the answers to the test. The total number of points is 24. If you received a score of 19 or better, you have passed the test. If you scored below 19, let your instructor know by placing an X in the box at the upper right-hand corner of the re-test.

Now proceed to the **Manuel de préparation** and do Exercise III on page 191.

MISE AU POINT 14   **Les adjectifs possessifs et démonstratifs**

Test

Complete each question with a demonstrative adjective (**ce, cet, cette, ces**) and redo the answer using a possessive adjective (**mon, sa, tes,** etc.).

MODELE   A qui est ___ce___ livre? Le livre est à moi.
C'est mon livre.

1. A qui sont _____ disques? Les disques sont à lui.

_____

2. A qui est _____ cassette? La cassette est à toi.

_____

3. A qui est _____ appartement *(m.)?* L'appartement est à nous.

_____

4. A qui est _____ sac à dos? Le sac à dos est à elle.

_____

5. A qui est _____ vidéo? La vidéo est à moi.

_____

6. A qui sont _____ lunettes? Les lunettes sont à vous.

_____

7. A qui est _____ walkman? Le walkman est à toi.

_____

8. A qui est _____ vélo? Le vélo est à moi.

_____

9. A qui sont _____ clés? Les clés sont à eux.

_____

10. A qui est _____ voiture? La voiture est à elles.

_____

11. A qui est _____ hôtel *(m.)?* L'hôtel est à lui.

_____

12. A qui sont _____ chats. Les chats sont à elles.

_____

See page 134 for the answers to the test. The total number of points is 24. If you received a score of 19 or better, you have demonstrated sufficient control of the possessive and demonstrative adjectives and may proceed directly to Exercise II on page 154 in the **Manuel de préparation.**

If your score is less than 19, read the explanation about possessive and demonstrative adjectives in the **Rappel** section immediately following this test; then do **Exercices de révision** I, II, III, IV. After correcting these exercises (see page 134 for the answers), do the **Repêchage** test. Finally, proceed to Exercise II on page 154 in the **Manuel de préparation.**

1. Possessive Adjectives

Like articles, possessive adjectives in French agree with the noun they modify. Note that with a singular feminine noun beginning with a vowel or a vowel sound, the masculine form of the possessive adjective is used (**un ami** becomes **mon ami, une amie** becomes **mon amie**).

The following chart summarizes the possessive adjectives.

SUBJECT	MASCULINE SINGULAR	FEMININE SINGULAR	MASC. AND FEM. PLURAL	ENGLISH EQUIVALENT
je	**mon**	**ma**	**mes**	*my*
tu	**ton**	**ta**	**tes**	*your*
il/elle/on	**son**	**sa**	**ses**	*his* or *her*
nous	**notre**	**notre**	**nos**	*our*
vous	**votre**	**votre**	**vos**	*your*
ils/elles	**leur**	**leur**	**leurs**	*their*

2. Demonstrative Adjectives

The demonstrative adjective (**ce, cet, cette, ces**) is used to point out specific things. It has three singular forms that are equivalent to the English words *this* or *that*:

ce   masculine singular before a pronounced consonant (**ce livre**)
cet   masculine singular before a vowel or vowel sound (**cet hôtel**)
cette   feminine singular (**cette maison**)

The demonstrative adjective has only one plural form that is equivalent to the English words *these* or *those*:

ces   plural (**ces disques, ces oranges**)

Sometimes it may be important to distinguish between *this* and *that* or between *these* and *those*. When you're faced with a lot of choices and you want to be precise about the object or people you're referring to, use the demonstrative adjective with the noun and add **-ci** *(this, these)* or **-là** *(that, those)* to the noun: **Donne-moi ce livre-là.** Remember to use **-ci** and **-là** only if the distinction is necessary to make the meaning clear for someone else.

Exercices de révision

I. C'est à qui?   Answer the questions affirmatively.

MODELE   C'est le cahier de Pierre?
            Oui, c'est son cahier.

1. C'est le cahier d'Anne-Marie?   _____

2. C'est la chambre de Robert?   _____

3. C'est la chambre d'Annick?   _____

4. Ce sont les clés d'Eric? _____

5. Ce sont les clés de Véronique? _____

6. Ce sont les clés de Pascale et de Roger? _____

7. C'est la chambre de Guy et de Chantal? _____

8. C'est l'amie de Claire? _____

9. C'est l'amie de Jean-Luc? _____

10. Ce sont les amis d'Yvonne? _____

II. A qui est... ? Indicate to whom each of the objects belongs. Use the cues in parentheses.

MODELE   A qui est la chaîne stéréo? (à moi)
C'est ma chaîne stéréo.

1. A qui est le cahier? (à lui) _____

2. A qui est la voiture? (à nous) _____

3. A qui sont les chiens? (à eux) _____

4. A qui est le vélo? (à moi) _____

5. A qui est l'appareil-photo? (à toi) _____

6. A qui est la maison? (à elles) _____

7. A qui sont les clés? (à vous) _____

8. A qui est la chambre? (à moi) _____

9. A qui sont les livres? (à lui) _____

10. A qui est la lampe? (à elle) _____

III. C'est combien? Write out the questions to find out the price of each item. Use the demonstrative adjective in your question.

MODELE   le poulet
Il est combien, ce poulet?

1. le walkman _____

2. la bouteille de Perrier _____

3. le disque _____

4. les stylos _____

5. la voiture _____

6. les livres _____

7. le gâteau _____

8. la vidéo _____

9. le sac _____

10. les pommes _____

11. la chemise _____

12. les cassettes _____

13. le bracelet _____

14. le jeu vidéo _____

IV. Lequel? *(Which one?)* Use a demonstrative adjective with **-ci** or **-là** to explain which object you're referring to.

MODELE   Quels livres est-ce que tu vas acheter? (those)
Ces livres-là.

1. Quelle calculatrice est-ce que tu préfères? (this one)

_____

2. Quel portefeuille est-ce que tu vas acheter? (that one)

_____

3. Quels fruits est-ce que tu préfères? (those)

_____

4. Quelles pâtisseries est-ce que tu aimes mieux? (these)

_____

5. Quel magazine est-ce que tu vas acheter? (this one)

_____

6. Quelle voiture est-ce que tu préfères? (that one)

_____

Repêchage

Complete each question with a demonstrative adjective (**ce, cet, cette, ces**) and redo the answer using a possessive adjective (**mon, sa, tes,** etc.).

MODELE   A qui est __*ce*__ livre? Le livre est à moi.
          C'est mon livre.

1. A qui est _____ jupe? La jupe est à moi.

   _____

2. A qui est _____ pantalon? Le pantalon est à lui.

   _____

3. A qui sont _____ chaussettes? Les chaussettes sont à eux.

   _____

4. A qui est _____ pull-over? Le pull-over est à toi.

   _____

5. A qui sont _____ chaussures? Les chaussures sont à nous.

   _____

6. A qui sont _____ gants? Les gants sont à elle.

   _____

7. A qui est _____ anorak *(m.)?* L'anorak est à lui.

   _____

8. A qui est _____ chapeau? Le chapeau est à nous.

   _____

9. A qui est _____ chemise? La chemise est à toi.

   _____

10. A qui sont _____ chemisiers? Les chemisiers sont à elles.

    _____

11. A qui est _____ short? Le short est à vous.

    _____

12. A qui est _____ écharpe *(f.)?* L'écharpe est à elle.

    _____

See page 134 for the answers to the test. The total number of points is 24. If you received a score of 19 or better, you have passed the test. If you scored below 19, let your instructor know by placing an X in the box at the upper right-hand corner of the re-test.

Now proceed to the **Manuel de préparation** and do Exercise II on page 154.

MISE AU POINT 15

L'accord et la place des adjectifs

Test

Rewrite the sentences by adding the adjectives in parentheses.

MODELE   C'est une femme. (malheureux / vieux)
C'est une vieille femme malheureuse.

1. C'est une maison. (beau / traditionnel)

   _____

2. C'est une personne. (sportif / jeune)

   _____

3. C'est une auto. (nouveau / japonais)

   _____

4. Ce sont des livres. (vieux / intéressant)

   _____

5. C'est un voyage. (ennuyeux / long)

   _____

6. Ce sont des églises. (vieux / gothique)

   _____

7. Ce sont des garçons. (français / petit)

   _____

8. Ce sont des hôtels. (bon / moderne)

   _____

9. C'est une leçon. (intéressant / autre)

   _____

10. C'est un ami. (bon / fidèle)

   _____

See page 135 for the answers to the test. The total number of points is 40. If you received a score of 32 or better, you have demonstrated sufficient control of this structure and may proceed directly to Exercise IX on page 83 in the **Manuel de préparation.**

If your score is less than 32, read the rules for agreement and placement of adjectives in the **Rappel** section immediately following this test; then do **Exercices de révision** I and II. After correcting these exercises (see page 135 for the answers), do the **Repêchage** test. Finally, proceed to Exercise IX on page 83 in the **Manuel de préparation.**

1. Agreement of Adjectives

Notre maison est **vieille**, mais nos meubles sont **neufs**.
Our house is *old*, but our furniture is *new*.

In French, adjectives agree in gender and number with the nouns they modify. In order to produce the appropriate form of the adjective, you must therefore know the gender of the noun and then determine whether it is singular or plural. Then you can add the adjective, making sure of the appropriate agreement. The following is a summary of the principal ways to derive feminine and plural adjective forms.

a. Feminine forms of adjectives

The feminine of most adjectives is formed by adding -e to the masculine.

Le théâtre est **grand**.   La bibliothèque est **grande**.

If the masculine form ends in -e, the feminine form stays the same.

Le vélo est **rouge**.   La bicyclette est **rouge**.

A number of masculine endings have special feminine endings.

-er becomes **-ère**	**premier / première**
-n becomes **-nne**	**bon / bonne**
-eux becomes **-euse**	**délicieux / délicieuse**
-et becomes **-ette** or **-ète**	**violet / violette**
	discret / discrète
-el becomes **-elle**	**sensationnel / sensationnelle**
-f becomes **-ve**	**sportif / sportive**

Certain adjectives are irregular and must be learned as exceptions.

Le film est **beau**.	La cathédrale est **belle**.
Le quartier est **vieux**.	La maison est **vieille**.
Le nuage est **blanc**.	La neige est **blanche**.
Le livre est **long**.	La rue est **longue**.
Le pain est **frais**.	La tarte est **fraîche**.

b. Plural forms of adjectives

The plural form of most adjectives is formed by adding -s to the singular form.

Le stylo est **bleu**.   Les stylos sont **bleus**.
La tarte est **délicieuse**.   Les tartes sont **délicieuses**.

If the singular form ends in -s or -x, the plural form remains the same.

Ce film est **mauvais**.   Ces films sont **mauvais**.
Ce livre est **vieux**.   Ces livres sont **vieux**.

If the singular form ends in -eau, the plural form adds -x.

Ce livre est **beau**.   Ces livres sont **beaux**.
Ce film est **nouveau**.   Ces films sont **nouveaux**.

2. Placement of Adjectives

Le professeur a préparé un examen **facile**.
Nous avons acheté des vidéos **intéressantes**.
Elle a une **nouvelle** auto.
Ce sont des **vieux** hôtels.

In French, unlike English, an adjective is usually placed *after* the noun it modifies. However, the following adjectives are exceptions, as they are normally placed *before* the noun they modify: **grand, vieux, bon, long, beau, autre, petit, nouveau, mauvais, court, joli, jeune.**

When two adjectives modify the same noun, each adjective occupies its normal position: **une jolie petite maison, une belle cathédrale gothique.**

Note that when the adjectives **beau, nouveau,** and **vieux** are used before a masculine singular noun beginning with a vowel or a vowel sound, each has a special form that allows for liaison.

un **bel** hôtel   un **nouvel** ami   un **vieil** arbre

Exercices de révision

I. Au féminin. Give the feminine form of each adjective.

1. facile	_____	15. beau	_____
2. actif	_____	16. suisse	_____
3. français	_____	17. frais	_____
4. petit	_____	18. indiscret	_____
5. vert	_____	19. naturel	_____
6. premier	_____	20. secret	_____
7. naïf	_____	21. dernier	_____
8. bon	_____	22. ambitieux	_____
9. canadien	_____	23. cruel	_____
10. délicieux	_____	24. sportif	_____
11. blanc	_____	25. ennuyeux	_____
12. vieux	_____	26. mauvais	_____
13. nouveau	_____	27. italien	_____
14. violet	_____	28. long	_____

II. Faisons des phrases. Make sentences with the elements given. Follow the model.

MODELE   un hôtel (canadien / vieux)
           C'est un vieil hôtel canadien.

1. une maison (joli / blanc)

   _____

2. une porte (ouvert)

   _____

3. une personne (malade / vieux)

   _____

4. une ville (italien / grand)

   _____

5. des filles (jeune / studieux)

   _____

6. des étudiants (sportif / jeune)

   _____

7. des films (nouveau / américain)

   _____

8. un vélomoteur (beau / allemand)

   _____

9. un appartement (moderne / nouveau)

   _____

10. un homme (vieux / énergique)

   _____

Repêchage

Add the adjectives provided to the nouns. Pay attention to agreement and placement.

MODELE   une porte (ouvert)
          une porte ouverte

1. une fenêtre (fermé)

   _____

2. un anorak (beau / norvégien)

   _____

3. une chambre (spacieux / grand)

   _____

4. un homme (jeune / gentil)

   _____

5. une femme (beau / intelligent)

   _____

6. un professeur (nouveau / français)

   _____

7. des films (russe / long)

   _____

8. des maisons (beau / traditionnel)

   _____

9. une note (mauvaise)

   _____

10. une femme (discret)

    _____

11. une famille (autre / anglais)

    _____

12. un hôtel (vieux)

    _____

See page 135 for the answers to the test. The total number of points is 40. If you received a score of 32 or better, you have passed the test. If you scored below 32, let your instructor know by placing an X in the box at the upper right-hand corner of the re-test.

Now proceed to the **Manuel de préparation** and do Exercise IX on page 83.

MISE AU POINT 16   Le comparatif et le superlatif

Test

Le comparatif. Make sentences adding the words in parentheses to make the appropriate comparisons. The symbol "+" indicates superior, "–" indicates inferior, "=" indicates the same.

> MODÈLE   Francine est intelligente. (+ sa sœur)
> *Francine est plus intelligente que sa sœur.*

1. Georges est optimiste. (= son père / – son amie / + sa mère)

   a. _____

   b. _____

   c. _____

2. Marie travaille bien. (+ moi / – toi / = ses amis)

   a. _____

   b. _____

   c. _____

3. Mes notes sont bonnes. (– tes notes / + les notes de Pierre / = les notes de Micheline)

   a. _____

   b. _____

   c. _____

4. Ils ont des disques. (+ nous / – mes parents / = Marie)

   a. _____

   b. _____

   c. _____

Le superlatif. Now decide who is the best and who is the worst in math class. Use the elements given to make the comparisons. The symbol "+ "indicates the best, "– "indicates the worst. Follow the models.

> MODÈLES   Sylvie (+ intelligent)
> *Sylvie est l'étudiante la plus intelligente de la classe.*
>
> Georges (+ travailler bien)
> *Georges travaille le mieux de tous les étudiants de la classe.*

5. Gilbert (+ intelligent)

   _____

6. Yves (– étudier sérieusement)

   _____

7. Gilbert (+ travailler sérieusement)

   _____

8. Louis (– bon en mathématiques)

_____

9. Sylvie (+ bon en mathématiques)

_____

See page 136 for the answers to the test. The total number of points is 22. If you received a score of 18 or better, you have demonstrated sufficient control of this structure and may proceed directly to Exercise III on page 59 in the **Manuel de préparation**.

If your score is less than 18, read the rules for making comparisons in the **Rappel** section immediately following this test; then do **Exercices de révision** I and II. After correcting these exercises (see page 136 for the answers), do the **Repêchage** test. Finally, proceed to Exercise III on page 59 in the **Manuel de préparation**.

Rappel   Le comparatif et le superlatif

1. The Comparative: Comparison of Adjectives and Adverbs

The comparative is used to compare two people, two things, or two groups. To make comparisons in English, you can use a comparison word *(more, less, as)* or add the suffix *-er* to a word *(less big, as big, bigger)*. In French, you always have to use comparison words.

superiority:	**plus** + *adjective or adverb* + **que**
	Il est **plus** beau **que** son frère.
	Elle chante **mieux que** moi.
inferiority:	**moins** + *adjective or adverb* + **que**
	Tu es **moins** patiente **que** ton ami.
	Il a compris **moins** vite **que** toi.
equality:	**aussi** + *adjective or adverb* + **que**
	Je suis **aussi** bronzé **que** vous.
	Vous parlez le français **aussi** bien **que** moi.

2. The Comparative: Comparison of Nouns

superiority:	**plus de** + *noun* + **que**
	Elle a **plus** d'argent **que** moi.
inferiority:	**moins de** + *noun* + **que**
	Ils ont **moins de** tact **que** vous.
equality:	**autant de** + *noun* + **que**
	Nous avons **autant** d'ambition **que** Paul.

3. The Comparative: The Adjective *bon* and the Adverb *bien*

When you want to indicate superiority for the adjective **bon** and the adverb **bien**, use the words **meilleur(e)(s)** and **mieux**. The English equivalent of **meilleur** and **mieux** is *better*. Note that, just like **bon**, **meilleur** agrees in gender and number with the noun it modifies.

Mes vidéos sont **meilleures que** les vidéos de Suzanne. | My videos are *better than* Susan's videos.
Il chante **mieux que** moi. | He sings *better than* I (do).

When used to indicate inferiority and equality, the comparative forms of **bon** and **bien** are regular.

Cette pomme-ci est **aussi bonne que** celle-là.
Nous chantons **moins bien que** toi.

4. The Superlative

The superlative forms (comparing one or several people or things to a group) are **le/la/les plus, le/la/les moins, le/la/les meilleur(e)(s), le/la/les mieux**. Note that when an adjective comes before the noun, the definite article does not need to be repeated with the noun. The equivalent of *in* (e.g., *in the world*) that precedes the group to which the comparison is being made is **de** combined with the definite article.

C'est **la plus** jolie fille **du** monde. | She's *the most* beautiful girl *in the* world.
Je suis l'étudiant **le plus** avancé de la classe. | I'm *the most* advanced student *in the* class.

Exercices de révision

I. Des comparaisons. Make the following comparisons using either the comparative or the superlative. The symbol "+" indicates superiority, "−" indicates inferiority, "=" indicates equality.

MODELES   Simone parle vite. (+ moi)
Simone parle plus vite que moi.

Jean-Paul est bon skieur. (+ famille)
Jean-Paul est le meilleur skieur de la famille.

1. Nous aimons bien les films italiens. (+ films français)

_____

2. Ces pommes sont bonnes. (− ces poires)

_____

3. Simone a du tact. (= toi)

_____

4. Françoise chante bien. (+ toute la famille)

_____

5. J'ai des posters. (− mon frère)

_____

6. Cette tarte-ci est bonne. (= cette tarte-là)

_____

7. Philippe est bon joueur de tennis. (– famille)

_____

8. Annie est pessimiste. (– nous)

_____

9. Yves est un étudiant intelligent. (+ classe)

_____

10. Sylvie comprend vite. (= toi)

_____

II. Qui a plus d'argent? Compare one person to another, or compare one person to all the others, according to the information given.

Angèle	1 980F	Michel	350F	Jacques	70F
Gilles	25F	Simone	3 500F	Janine	350F
Patricia	600F	Marc	5 000F	Arlette	125F

MODELES Comparez Patricia à Marc. (riche)
Patricia est moins riche que Marc.

Comparez Janine à Arlette. (argent)
Janine a plus d'argent qu'Arlette.

1. Comparez Angèle à Simone. (argent)

_____

2. Comparez Michel à Simone. (riche)

_____

3. Comparez Marc à tous les autres. (riche / superlatif)

_____

4. Comparez Simone à Arlette. (argent)

_____

5. Comparez Gilles à tous les autres. (argent / superlatif)

_____

6. Comparez Janine à Michel. (argent)

_____

7. Comparez Jacques à Patricia. (riche)

_____

8. Comparez Michel à Jacques. (riche)

_____

Repêchage

Make the following comparisons using either the comparative or the superlative. The symbol "+" indicates superiority, "–" indicates inferiority, "=" indicates equality.

MODELES   Suzanne est sportive. (+ Michel)
Suzanne est plus sportive que Michel.

Philippe est intelligent. (étudiant / + / classe)
Philippe est l'étudiant le plus intelligent de la classe.

1. Marie-Jeanne est fatiguée. (– moi / + son frère / = ses parents)

    a. _____

    b. _____

    c. _____

2. Nancy parle bien le français. (+ sa mère / – son prof / = son amie)

    a. _____

    b. _____

    c. _____

3. M. Dupont est un bon pilote. (+ frère / – son amie / = Mlle Fériot)

    a. _____

    b. _____

    c. _____

4. J'ai des livres. (= toi / – Marcel / + vous)

    a. _____

    b. _____

    c. _____

5. Janine est grande. (étudiante / + / classe)

    _____

6. Paul est studieux. (étudiant / – / classe)

    _____

7. Tu es sportif. (étudiant / + / classe)

    _____

8. Hervé est bon. (étudiant / + / classe)

    _____

9. Francine parle bien le français. (+ / tous)

    _____

See page 137 for the answers to the test. The total number of points is 34. If you received a score of 27 or better, you have passed the test. If you scored below 27, let your instructor know by placing an X in the box at the upper right-hand corner of the re-test.

Now proceed to the **Manuel de préparation** and do Exercise III on page 59.

MISE AU POINT 17   Les adverbes de temps (1)

Test

Complete each of the following short conversations with an appropriate time expression.

> MODELE   — Je te verrai à la réunion ___*demain*___?
> — Non. Je pars ce soir pour Paris. A l'heure de la réunion, je serai en train d'atterrir à l'aéroport Charles de Gaulle.

1. — Tu vas téléphoner à Janine ce matin?

   — Non, je lui ai parlé _____ . Elle m'a téléphoné avant de se coucher.

2. — Tu es «senior», n'est-ce pas?

   — Non, c'est seulement ma troisième année à l'université.

   — Ah, bon. Tu as un cours de maths cette année?

   — Non, mais je serai obligée d'en suivre un _____ si je veux avoir mon diplôme.

3. — C'est _____ le 17 avril?

   — Non, c'est le 18.

4. — Je te téléphonerai lundi soir.

   — Non, non. Tous les lundis je dîne chez mes grands-parents et je rentre très tard. Inutile d'essayer de me téléphoner _____ . Je ne suis jamais à la maison.

5. — Vous allez faire un voyage cette année?

   — Non, nous sommes allés en Europe _____. Cette année nous restons chez nous.

6. — Jean-Jacques sera là cette semaine?

   — Non. Lui et sa femme ne seront pas là avant _____ . Ils arriveront mardi ou mercredi, je crois.

7. — Les Boniface sont déjà en Afrique, non?

   — Non, non. Ils sont toujours à Paris. Ils partiront le 17... mercredi.

   — Mais ils devaient partir _____, non?

   — Si. Tu as raison. Ils avaient des billets pour le 10, mais ils ont dû remettre leur voyage au 17.

8. — Tu veux aller voir «Cyrano»? Ce sont les deux derniers jours.

   — Oh, je voudrais bien. Je ne peux pas ce soir. Mais je suis libre _____. Je passerai te chercher vers 17h. Ça va?

9. — Tu seras chez toi ce matin?

   — Non. Je dois aller en ville. Mais je compte rentrer entre 2h et 3h.

   — Bon. D'accord. Je passerai te voir _____ après 3h.

10. — Tu veux aller au centre commercial avec nous samedi?

    — Mais non. Je me suis promis de ne pas y retourner avant la fin du mois.

    — Mais pourquoi?

    — Parce que _____ j'y suis allée trois samedis de suite et j'y ai dépensé un argent fou.

See page 137 for the answers to the test. The total number of points is 13. If you received a score of 10 or better, you have demonstrated sufficient control of this structure and may proceed directly to Exercise II on page 229 in the **Manuel de préparation**.

If your score is less than 10, read the rules for the use of adverbs in the **Rappel** section immediately following this test; then do **Exercices de révision** I and II. After correcting these exercises (see pages 137-138 for the answers), do the **Repêchage** test. Finally, proceed to Exercise II on page 229 in the **Manuel de préparation**.

Rappel   Les adverbes de temps (**hier, aujourd'hui, demain**, etc)

The following expressions can be used to situate events in relationship to the present moment:

aujourd'hui
ce matin
cet après-midi
ce soir
cette semaine
ce mois
cette année

hier		demain
hier matin		demain matin
hier soir		demain soir
la semaine dernière		la semaine prochaine
le mois dernier		le mois prochain
l'année dernière		l'année prochaine

The expressions **dernier** and **prochain** can be combined with the days of the week: **mardi dernier, vendredi prochain.** In addition, the expressions **matin, après-midi,** and **soir** can be added to the days of the week: **lundi matin, jeudi après-midi, samedi soir.**

When the definite article **le** precedes a day of the week, it indicates repetition: **le mardi** *(on Tuesdays, every Tuesday),* **le vendredi soir** *(on Friday evenings, every Friday evening).*

Exercices de révision

I. Les expressions de temps. First, complete the following sentences with the appropriate form of **ce**.

1. Je vous verrai _____ soir.

2. Je les ai manqués _____ après-midi.

3. Je suis très occupée _____ semaine.

4. Qu'est-ce que vous avez fait _____ matin?

5. _____ année je ne vais pas faire du sport.

Now, complete the sentences with the appropriate form of **dernier** or **prochain**.

6. L'année _____ je serai en France.

7. La semaine _____ il a plu tous les jours.

8. Vous serez de retour avant la fin du mois _____?

9. Combien de cours as-tu pris l'année _____?

10. Tu veux aller au concert la semaine _____?

11. Il a été très malade le mois _____.

Finally, add **le** to the sentences that require a definite article. If a sentence is already correct, mark an **X**.

12. Normalement je ne viens pas à l'université _____ jeudi.

13. Très bien, je te reverrai _____ vendredi soir.

14. Qu'est-ce qu'ils font d'habitude _____ samedi matin?

15. Nous les avons rencontrés en ville _____ lundi dernier.

II. L'emploi du temps des Savary. On the basis of the monthly calendar of the Savary family — Raymond, Françoise and their son Jean-Loup — complete the following sentences with the appropriate time expression.

AVRIL						
lundi	**mardi**	**mercredi**	**jeudi**	**vendredi**	**samedi**	**dimanche**
		1	**2**	**3**	**4** 9h30 Françoise—aérobic	**5**
6	**7** dîner chez Mémé et Pépé	**8**	**9**	**10**	**11** 9h30 Françoise—aérobic	**12**
13 Françoise—Rome	**14** dîner chez Mémé et Pépé	**15**	**16**	**17** Jean-Loup—tennis	**18** 9h30 Françoise—aérobic	**19** Jean-Loup—cinéma
20	**21** dîner chez Mémé et Pépé	**22** 10h J-L—médecin 2h-5h—J-L chez les Deléage soir: concert (Beethoven)	**23** soir: Raymond—dîner d'affaires	**24** matin: Françoise—représentant d'IBM soir: Maison de la Culture	**25** 9h30 Françoise—aérobic 14h mariage de la fille des Gervais	**26**
27 Raymond—Londres	**28** dîner chez Mémé et Pépé	**29**	**30**			

1. C'est _____ le 23.

2. M. Raymond a un dîner d'affaires _____.

3. _____ Mme Raymond a été en Italie.

4. _____ M. Raymond sera en Angleterre.

5. _____ Jean-Loup est allé chez le médecin.

6. _____ Jean-Loup est allé au cinéma.

7. _____ la famille dîne chez les parents de Mme Savary.

8. _____ M. et Mme Raymond sont allés à un concert de musique classique.

9. _____ M. et Mme Raymond vont aller à une réception à la Maison de la Culture.

10. _____ Jean-Loup est allé chez ses amis, Didier et Georges Deléage.

11. Mme Raymond fait de l'aérobic _____.

12. Jean-Loup a fait un match de tennis _____.

13. _____ Mme Raymond a un rendez-vous d'affaires très important.

14. _____ le premier avril sera un jeudi.

15. L'emploi du temps des Savary est plus chargé _____ que celui de la semaine dernière.

16. Mme Raymond a commencé à faire de l'aérobic en mars — c'est-à-dire, _____.

17. M. et Mme Raymond doivent assister au mariage de la fille de leurs amis _____.

Rpêchage

Complete each of the following short conversations with an appropriate time expression.

MODELE — Je te verrai à la réunion ___demain___?
— Non. Je pars ce soir pour Paris. A l'heure de la réunion, je serai en train d'atterrir à l'aéroport Charles de Gaulle.

1. — Tu es libre _____?
   — Oui, je dois travailler jusqu'à 6h, mais après, je suis libre.
   — On va à la discothèque?
   — Oui, mais il faut que je rentre de bonne heure. Je dois travailler demain aussi.

2. — Où étiez-vous _____ vers 3h de l'après-midi?
   — Voyons... Nous sommes le lundi 17?
   — Oui. Et je voudrais savoir où vous étiez l'après-midi du 10?

3. — Thérèse a épousé François _____?
   — Oui, ça fait un an qu'ils sont mariés.

4. — Cécile sera là pour longtemps?
   — Non, non. Elle part dans deux jours.
   — Alors, je suis occupée aujourd'hui. Mais est-ce que je pourrais la voir _____?
   — Non, elle va chez des amis tout de suite après le déjeuner. Venez plutôt le matin.

5. — Quelle est la date _____?
   — Nous sommes le 6.

6. — Tu étudies une langue étrangère?
   — Non, je n'ai pas de cours de langues cette année. Mais _____ j'espère faire du chinois.

7. — Tu as l'air fatiguée.
   — C'est parce que je me suis levée de très bonne heure.
   — Ce matin?
   — Non, ce matin j'ai fait la grasse matinée. C'est _____ que j'avais eu du mal à dormir.

8. — Les Martin vont vous accompagner à l'église dimanche?
   — Non, _____ ils ont l'habitude de se reposer, parce que l'après-midi M. Martin doit travailler.

9. — On va fêter l'anniversaire de Jean-Pierre ce mois-ci?
   — Non. Il est en voyage. On va fêter son anniversaire au début du _____, vers le 3 ou le 4.

10. — Tu dois travailler cette semaine?
    — Non, je ne travaille que toutes les deux semaines *(every other week)* et j'ai travaillé
    _____.

See page 138 for the answers to the test. The total number of points is 13. If you received a score of 10 or better, you have passed the test. If you scored below 10, let your instructor know by placing an X in the box at the upper right-hand corner of the re-test.

Now proceed to the **Manuel de préparation** and do Exercise II on page 229.

MISE AU POINT 18

Les expressions négatives ne... pas, ne... jamais, ne... rien, ne... personne, ne... pas encore, ne... plus

Test

Use the appropriate negative expressions to give the *opposite* of the following sentences.

MODELE   Je finis toujours mes devoirs de français.
Je ne finis jamais mes devoirs de français.

1. Quelqu'un m'a téléphoné.
   Personne ne m'a tele ...

2. Le mécanicien a déjà réparé la voiture.
   ne réparé pas encore

3. Ses parents sortent toujours le soir.
   ne sortent jamais

4. Il est toujours le premier dans sa classe de français.
   ne jamais

5. Nous avons fait beaucoup de choses cette semaine.
   ne rien

6. Elles <u>ont parlé</u> à quelqu'un ce matin.
   ne à personne

7. J'ai déjà parlé à mon professeur.
   n'ai pas encore

8. Elle va faire quelque chose demain soir.
   ne va rien faire

9. Beaucoup de choses m'intéressent.
   Rien ne m'int

10. Tu as déjà parlé à ta tante?
    pas encore

11. Il est encore malade?
    n'est plus

12. Nous allons au festival de Cannes.
    ne plus

13. J'ai vu quelqu'un devant la banque.
    n'ai vu personne

14. Elle veut boire quelque chose.
    ne rien

15. Nous avons encore faim.
    n'avons plus

16. Je vais avoir une bonne note à l'examen de français.
    ne vais jamais avoir

See page 138 for the answers to the test. The total number of points is 16. If you received a score of 13 or better, you have demonstrated sufficient control of this structure and may proceed directly to Exercise II on page 206 in the **Manuel de préparation**.

If your score is less than 13, read the explanation about negative expressions in the **Rappel** section below; then do **Exercices de révision** I, II, III. After correcting these exercises (see page 139 for the answers), do the **Repêchage** test. Finally proceed to Exercise II on page 206 in the **Manuel de préparation**.

Rappel   Les expressions négatives **ne... pas, ne... jamais, ne... rien, ne... personne, ne... pas encore, ne... plus**

The rules you've learned to make a sentence negative with **ne... pas** also generally apply to the other negative expressions. Study the meaning of the various negations and then review some additional special cases.

ne... jamais	*never*; the opposite of **toujours** or **souvent**
ne... rien	*nothing*; the opposite of **quelque chose**
ne... personne	*nobody, no one*; the opposite of **quelqu'un**
ne... pas encore	*not yet*; the opposite of **déjà**
ne... plus	*no longer*; the opposite of **encore**

In the **passé composé, ne... rien** goes around the helping verb.

Je **n'**ai **rien** trouvé.

However, **personne** follows the past participle.

Je **n'**ai vu **personne.**

Regardless of the tense, if the verb is followed by a preposition, **rien** and **personne** are placed after this preposition.

Je **n'**ai besoin **de rien.**
Nous **n'**avons parlé **à personne.**

Ne... personne and **ne... rien** may also be used as subjects of the sentence. In this case, the word order is reversed and both parts of the negative come before the verb:

Rien ne m'intéresse.
Personne n'a téléphoné.

Rien, personne, pas encore, and **jamais** may be used without verbs as one-word answers to questions. In such cases, the **ne** is dropped.

— Qui est là?	— Personne.
— Qu'est-ce que tu fais?	— Rien.
— Ils sont partis?	— Pas encore.
— Vous buvez du café?	— Jamais.

Exercices de révision

I. Les expressions négatives. Answer each question first with a single-word answer, then with a full sentence.

> MODELE Qu'est-ce que tu veux?
> *Rien. Je ne veux rien.*

1. Qu'est-ce que tu cherches? _____

2. Qu'est-ce qu'il a acheté? _____

3. Qu'est-ce qu'elle a dit? _____

4. Qu'est-ce que tu as fait? _____

5. Qu'est-ce que vous avez mangé? _____

6. Qu'est-ce qu'ils veulent? _____

> MODELE Qui est-ce que tu cherches?
> *Personne. Je ne cherche personne.*

7. Qui est-ce que tu attends? _____

8. Qui est-ce que vous avez vu? _____

9. Qui est-ce qu'elle a rencontré? _____

10. Qui est-ce qu'ils ont invité? _____

11. A qui est-ce que tu as téléphoné? _____

12. A qui est-ce que vous parlez? _____

II. Jacques a le cafard. *(Jacques is very depressed.)* Answer the questions negatively to show why Jacques is depressed.

> MODELE Avec qui est-ce qu'il sort?
> *Il ne sort avec personne.*

1. Mais il voit encore sa petite amie Nicole, n'est-ce pas?

_____

2. Mais il va souvent au cinéma, n'est-ce pas?

_____

3. Alors, est-ce qu'il fait quelque chose le week-end?

_____

4. Il parle à quelqu'un, n'est-ce pas?

_____

5. Est-ce qu'il s'intéresse à quelque chose?

_____

6. Quelqu'un lui téléphone?

_____

7. Est-ce qu'il téléphone à quelqu'un?

_____

8. Mais il fait toujours ses devoirs, n'est-ce pas?

_____

9. Il a déjà parlé à ses professeurs?

_____

III. Au bureau de poste.

A postal employee tells the story of a very strange experience he had one day at the post office. A woman sat on a bench inside the post office for three hours and when he asked her some questions, she answered all of them in the negative. Give the responses of the woman.

MODELE   Pardon, Madame. Vous désirez quelque chose?
Non, Monsieur. Je ne désire rien.

1. Vous attendez quelqu'un?

_____ ne personne _____

2. Vous avez besoin de quelque chose?

_____ ne rien _____

3. Vous voulez acheter quelque chose?

_____ ne veux rien acheter rien _____

4. Vous avez déjà acheté des timbres *(stamps)*?

_____ ne encone _____

5. Vous voulez téléphoner à quelqu'un?

téléphoner à
_____ ne veux personne _____

6. Quelqu'un va vous téléphoner?

_____ Personne ne va me tele _____

7. Vous avez quelque chose à envoyer?

_____ n'avez rien _____

8. On vous a envoyé quelque chose?

_____ n'a rien envoyé _____

9. Vous passez souvent l'après-midi aux bureaux de poste?

_____ ne jamais _____

Repêchage

Redo the sentences using the equivalent of the English expressions in parentheses.

1. Nous allons au théâtre avec nos enfants. (never)

   _____

2. J'ai beaucoup d'argent à la banque. (not)

   _____

3. Mes amis sont arrivés. (not yet)

   _____

4. Est-ce que tu participes au club de français? (no longer)

   _____

5. Je mange beaucoup pour le petit déjeuner. (never)

   _____

6. Vous avez fini? (not yet)

   _____

7. Il est très gentil. (not)

   _____

8. Je suis jeune. (no longer)

   _____

Now give the opposite of the following sentences.

9. Quelqu'un m'attend.

   _____

10. Quelque chose est arrivé.

   _____

11. J'ai vu quelque chose.

   _____

12. Quelque chose s'est passé.

   _____

13. Nous avons parlé à quelqu'un.

   _____

14. Il a oublié quelque chose.

   _____

See page 139 for the answers to the test. The total number of points is 28. If you received a score of 22 or better, you have passed the test. If you scored below 22, let your instructor know by placing an X in the box at the uper right-hand corner of the re-test.

Now proceed to the **Manuel de préparation** and do Exercise II on page 206.

MISE AU POINT 19 — Les pronoms personnels

Test

Complete the following conversations using the words in parentheses and the appropriate personal pronoun (**me, te, le, la, lui, nous, vous, les, leur**). Pay attention to the verb tense.

MODELE — Tu recommandes donc le docteur Rousset?
— Oh, oui. (je / pouvoir passer son adresse)
Oh, oui. Je peux te passer son adresse.

1. — Tu as vu Marie-Claire ce matin?
   — Non, mais (elle / téléphoner hier soir)

   _____

2. — Salut! Nous voici! Mais vous avez l'air fâché? Qu'est-ce qu'il y a?
   — (Je / attendre depuis trois quarts d'heure) Où étiez-vous?

   _____

3. — Tu vois Jeannette de temps en temps?
   — Oui, (je / voir presque tous les week-ends)

   _____

4. — Ecoute! Tu vois ces gens là-bas? Tu les connais?
   — Non. Pourquoi?
   — Eh bien. (ils / regarder depuis quelques moments)

   _____

5. — Ma sœur et moi, nous allons au cinéma ce soir. Tu veux y aller avec nous?
   — Je voudrais bien, mais (je / ne pas pouvoir accompagner)

   _____

6. — Vous avez parlé à Marc récemment?
   — Oui, (nous / parler la semaine dernière)

   _____

7. — Vous voilà enfin. Pourquoi êtes-vous en retard?
   — Oh, (nous / se tromper de route)

   _____

8. — Alors, tu sors ce soir avec tes copains? Tu les retrouveras en ville?
   — Non, (ils / venir chercher à la maison)

   _____

9. — Tu as mes nouvelles cassettes?
   — Oui, est-ce que (je / pouvoir garder jusqu'à lundi)

   _____

10. — Tu as le numéro de téléphone de Françoise?
    — Oui, pourquoi?
    — Eh bien, (je / devoir téléphoner ce soir)

    _____

11. — Alors, rendez-vous samedi matin à 8h30. D'accord?

    — Mais non. (je / ne pas se lever avant 10h le samedi matin)

    _____

12. — Tu écris à tes parents?

    — Oui, (je / écrire deux ou trois fois par mois)

    _____

13. — Tu te rappelles le jour où nous avons fait cette promenade dans la forêt.

    — Ah, oui. Nos parents ont eu peur. Ils ont cherché partout.

    — Oui, mais (ils / ne pas trouver)

    _____

14. — Tu connais Chantal Vanneau, n'est-ce pas?

    — Oui, pourquoi?

    — Eh bien, je (rencontrer samedi) et elle a demandé de tes nouvelles.

    _____

15. — Comment as-tu fêté l'anniversaire de tes parents?

    — (je / préparer un grand dîner)

    _____

16. — Tu veux mon adresse?

    — Ah, oui. (je / aller envoyer quelque chose)

    _____

Complete the remaining conversations, putting the verb into the *imperative (command)* form and using the appropriate personal pronoun.

    MODELE   — Tu veux vraiment prendre ma photo.
                  — Oui, bien sûr. (regarder un moment)
                  Regarde-moi un moment!

17. — Eh bien, les garçons. Il est déjà 9h30. (se lever tout de suite)

    _____

18. — Il faut que tu achètes quelque chose pour le dîner.

    — Eh bien, (donner de l'argent). Je n'en ai pas.

    _____

19. — Je dois partir. Je téléphonerai à Annick plus tard.

    — Non, (ne pas téléphoner). Elle ne sera pas à la maison ce soir

    _____

20. — Tu es déjà là! Bon, je descends dans deux minutes.

    — (ne pas se dépêcher)! Nous avons beaucoup de temps.

    _____

See page 140 for the answers to the test. The total number of points is 40. If you received a score of 32 or better, you have demonstrated sufficient control of this structure and may proceed directly to Exercise II on page 9 in the **Manuel de préparation**.

If your score is less than 32, read the rules for pronouns in the **Rappel** section immediately following this test; then do **Exercices de révision** I, II, III. After correcting these exercises (see pages 140-141 for the answers), do the **Repêchage** test. Finally, proceed to Exercise II on page 9 in the **Manuel de préparation**.

1. Forms of Pronouns

The first and second person pronouns refer to the person or persons speaking (**je, nous**) and to the person or persons being addressed (**tu, vous**). The third person pronouns refer to the person or persons being spoken about. They can all function as subjects, as direct or indirect objects. In the first and second persons, the direct and indirect objects have the same form.

SUBJECT	DIRECT OBJECT	INDIRECT OBJECT
je	me	me
tu	te	te
nous	nous	nous
vous	vous	vous

In the third person, the direct and indirect object forms differ.

SUBJECT	DIRECT OBJECT	INDIRECT OBJECT
il	le	lui
elle	la	lui
ils	les	leur
elles	les	leur

In the first and second persons, reflexive pronouns and object pronouns have the same form: **je me couche, tu te lèves, nous nous amusons, vous vous disputez.** In the third person, the reflexive pronoun is **se: il se fâche, elle s'amuse, ils se parlent, elles se dépêchent.**

2. Position of Pronouns

The position of personal object pronouns in the sentence depends on the form of the verb being used.

a. In the simple tenses (**présent, imparfait, futur, conditionnel**), the direct and indirect object pronouns directly precede the conjugated verb.

> Elle **me** téléphone tous les jours.
> Est-ce qu'ils **lui** écrivaient de temps en temps?
> Tu **les** verras ce soir?
> Nous ne **nous** parlons pas.

b. In the **passé composé**, the direct and indirect object pronouns directly precede the helping (auxiliary) verb.

> Il **l'**a regardé fixement pendant une minute.
> Est-ce que vous **vous** êtes bien amusées?
> Elles ne **lui** ont rien dit.
> Pourquoi est-ce qu'on ne **t'**a pas répondu?

c. When a conjugated verb is followed by an infinitive, the direct and indirect object pronouns usually directly precede the infinitive.

> Je voudrais **les** inviter à dîner un jour.
> Elle ne peut pas **te** retrouver demain.
> Est-ce que nous avons le temps de **leur** donner un coup de main?
> Ils ont l'intention de **vous** parler des résultats.

d. In an affirmative command, the direct and indirect object pronouns follow the verb; in written French, they are attached to the verb by a hyphen. **Me** and **te** become **moi** and **toi** to facilitate pronunciation.

> Regarde-**moi!**
> Attends-**les!**
> Lave-**toi** la figure et les mains!
> Dépêchez-**vous!**
> Donnez-**lui** la lettre!

e. In a negative command, the direct and indirect object pronouns directly precede the verb. **Me** and **te** do not change form.

> Ne **me** regarde pas!
> Ne **les** attends pas!
> Ne **vous** disputez pas!
> Ne **lui** montrez pas les réponses!

Exercices de révision

I. Direct ou indirect? In the third person, it is important to distinguish between direct object pronouns and indirect object pronouns. Answer the following questions, replacing the name of the person with the appropriate pronoun — **le, la, les,** or **lui, leur.**

> MODELES Vous cherchiez Anne-Marie Desprès? (oui)
> *Oui, nous la cherchions.*
>
> Tu parlais à Anne-Marie Desprès? (non)
> *Non, je ne lui parlais pas.*

1. Vous connaissez Nicolas Ponnelle? (oui)

   _____

2. Tu as téléphoné à Béatrice? (non)

   _____

3. Tu as donné le paquet à M. Luthringer? (oui)

   _____

4. Vous voyez Alain et sa sœur de temps en temps? (oui)

   _____

5. Tu attendais Martine? (non)

   _____

6. Vous avez envoyé quelque chose à Jean-Louis? (oui)

   _____

7. Vous avez écrit à vos parents? (non)

_____

8. Tu retrouveras ta cousine au musée? (oui)

_____

9. Tu montreras ton ordinateur à tes cousins? (oui)

_____

10. Vous avez rencontré les Blanchard hier soir? (non)

_____

II. Les pronoms compléments. Use the pronouns **me, te, le, la, lui, nous, vous, les,** and **leur** to write the indicated sentences.

A. On parle de vous seul(e).

1. il / regarder (présent) ___*Il me regarde.*_____

2. elle / chercher (imparfait) _____

3. ils / voir (passé composé) _____

4. il / refuser de regarder (présent) _____

B. On parle de vous et d'un(e) ami(e).

5. elle / attendre (imparfait) ___*Elle nous attendait.*_____

6. il / téléphoner deux fois (passé composé) _____

7. ils / vouloir voir (conditionnel) _____

8. elles / retrouver en ville (futur) _____

C. On parle d'un ami.

9. je / connaître bien (présent) ___*Je le connais bien.*_____

10. nous / avoir besoin de parler (présent) _____

_____

11. je / vouloir voir (conditionnel) _____

12. elle / ne pas parler (passé composé) _____

D. On parle d'une amie.

13. je / voir hier (passé composé) ___*Je l'ai vue hier.*_____

14. nous / téléphoner (futur) _____

15. tu / ne pas connaître (présent) _____

16. ils / avoir envie de revoir (présent) _____

_____

E. On parle de deux ami(e)s.

17. nous / vouloir parler (présent) _Nous voulons leur parler ._____

18. je / rencontrer hier (passé composé) _____

19. tu / pouvoir attendre ici (présent) _____

_____

20. je / envoyer un télégramme (passé composé) _____

_____

F. Vous vous adressez à un(e) ami(e).

21. je / attendre depuis vingt minutes _Je t'attends depuis vingt minutes._____

22. je / envoyer un cadeau (passé composé) _____

23. je / espérer revoir bientôt (présent) _____

24. je / dire pourquoi demain (futur) _____

G. Vous vous adressez à deux ami(e)s.

25. je / téléphoner ce soir (futur) _Je vous téléphonerai ce soir._____

26. je / apporter quelque chose à manger (passé composé) _____

_____

27. je / connaître depuis longtemps (présent) _____

28. je / être surpris(e) de voir ici (présent) _____

H. Vous parlez à un(e) ami(e).

29. Dites-lui de vous regarder. _Regarde-moi!_____

30. Dites-lui de vous attendre. _____

31. Dites-lui de se lever. _____

32. Dites-lui de ne pas vous téléphoner ce soir. _____

_____

I. Vous parlez à plusieurs ami(e)s.

33. Dites-leur de vous apporter quelque chose à boire. _Apportez-moi quelque chose à boire!__

34. Dites-leur de se dépêcher. _____

35. Dites-leur de ne pas vous chercher. _____

36. Dites-leur de ne pas se lever. _____

III. Des mini-dialogues. Complete the following conversations, according to the models and making the necessary changes.

> MODELE (chercher depuis deux heures)
> — Georges et Suzanne, vous avez vu Eric?
> *Il vous cherche depuis deux heures.*
> — *Il nous cherche depuis deux heures? Pourquoi?*

1. (attendre depuis une demi-heure)

   — Chantal, tu as vu Eric?

   — _____

   — _____

2. (vouloir parler tout de suite)

   — Martine et Jean-Jacques, vous avez vu Eric?

   — _____

   — _____

   MODELE   (téléphoner hier soir)

          — Bernard, tu as eu des nouvelles d'Yvonne?

          — *Oui, elle m'a téléphoné hier soir.*

          — *Elle t'a téléphoné hier soir! Quelle surprise!*

3. (envoyer un télégramme)

   — Vincent et Louise, vous avez eu des nouvelles d'Yvonne?

   — _____

   — _____

4. (ne pas écrire depuis deux mois)

   — Marcelle, tu as eu des nouvelles d'Yvonne?

   — _____

   — _____

   MODELE   (me / donner un coup de main ce matin / cet après-midi)

          — *Raymond, donne-moi un coup de main ce matin, s'il te plaît!*

          — *Je ne peux pas te donner un coup de main ce matin, mais je te donnerai un coup de main cet après-midi.*

5. (me / expliquer pourquoi tout de suite / plus tard)

   — Véronique, donne-moi un coup de main, s'il te plaît!

   — _____

   — _____

6. (nous / téléphoner ce soir / demain matin)

   — Laurent et Gilbert, donnez-moi un coup de main, s'il vous plaît!

   — _____

   — _____

   MODELE   ne pas voir depuis longtemps / parler au téléphone récemment

          — *Alors, vous avez vu Daniel récemment?*

          — *Non, nous ne l'avons pas vu depuis longtemps.*

          — *Mais vous lui avez parlé au téléphone récemment, non?*

7. (ne pas revoir depuis la soirée chez les Guinard / envoyer une carte pour son anniversaire)

   — Alors, tu as vu Monique récemment?

   — _____

   — _____

8. (ne pas parler depuis longtemps / rencontrer chez Henri en juillet)

   — Alors vous avez parlé aux Duchon récemment?

   — _____

   — _____

Repêchage

Complete the following conversations using the words in parentheses and the appropriate personal pronouns (**me, te, le, la, lui, nous, vous, les, leur**).

MODELE — Tu recommandes donc le docteur Rousset?
— Oh, oui. (je / pouvoir passer son adresse)
Je peux te passer son adresse.

1. — Mais où sont les enfants?
   — Je ne sais pas. (je / ne pas pouvoir trouver)
   _____

2. — Jean-Jacques, où vas-tu?
   — Chez le directeur. (il / vouloir parler)
   _____

3. — Elisabeth! Où étais-tu hier soir?
   — Tu as un moment. (je / expliquer ce qui s'est passé)
   _____

4. — Marie-Louise tient à voir ce que tu as acheté?
   — Si elle vient ce soir, (je / montrer mon nouveau chapeau)
   _____

5. — Vous autres, vous allez au bureau du professeur?
   — Oui, (il / aller dire les résultats de l'examen)
   _____

6. — Et Paul, comment va-t-il?
   — Il va très bien. (je / voir presque tous les matins)
   _____

7. — Tu regardes toujours les actualités de 11h à la télé?
   — Mais oui. (je / ne jamais se coucher avant minuit)
   _____

8. — Les Dubusson voudraient parler à Anne-Marie.
   — Pas de problème. (elle / avoir l'intention de téléphoner ce soir)
   _____

9. — Tu es fâché contre tes parents?
   — Oh, oui. (ils / ne jamais écrire)
   _____

10. — Sylvie Gardon, elle a les cheveux blonds?
    — Aucune idée. (je / ne pas connaître)
    _____

11. — Est-ce que que tu as demandé au professeur pourquoi il donnait tant d'examens?
    — Oui, (je / demander deux fois), mais je n'ai pas eu de réponse.
    _____

12. — Tu es beaucoup plus âgée que ta sœur, n'est-ce pas?

    — Oui, mais ça ne fait rien. (nous / s'entendre bien)

    _____

13. — Comment savez-vous que je suis sorti avec Jeanne?

    — C'est facile. (je / voir avec elle hier soir au centre commercial)

    _____

14. — Tes parents se plaignent. Ils n'ont jamais de tes nouvelles.

    — Mais ils exagèrent. (je / écrire deux ou trois fois par mois)

    _____

15. — Henri! Henri! Me voici!

    — Ah, voilà. (je / chercher depuis un bon quart d'heure)

    _____

16. — Mme Lamarck! Quelle surprise? Qu'est-ce que vous faites là?

    — Eh, bien. C'est évident. (je / attendre)

    _____

Complete the remaining conversations, putting the verb in the *imperative (command)* form and using the appropriate personal pronoun.

MODELE   — Tu veux vraiment prendre ma photo?
             — Mais oui. (regarder un moment)
             Regarde-moi un moment!

17. — Salut, Jean! Ça va? Je viens d'acheter mes livres.
    — Ah, oui? (montrer ton livre de maths)

    _____

18. — Maman! Eric a pris mon football.
    — Alors, les enfants! (ne pas se disputer)

    _____

19. — Qu'est-ce qu'il y a, Maman?
    — (se dépêcher), mon petit. Tu es en retard.

    _____

20. — Jean-Alex va rentrer après sa classe.
    — Non. (ne pas attendre) Il doit aller à la bibliothèque.

    _____

See page 141 for the answers to the test. The total number of points is 40. If you received a score of 32 or better, you have passed the test. If you scored below 32, let your instructor know by placing an X in the box at the upper right-hand corner of the re-test.

Now proceed to the **Manuel de préparation** and do Exercise II on page 9.

MISE AU POINT 20   Les pronoms *le, la, les, y* et *en*

Test

Complete the following conversations using the words in parentheses and the appropriate direct or indirect object pronoun (**le, la, les, y, en**).

> MODELE — Tu veux de la salade?
> — Non, merci. (je / ne pas vouloir)
> *Non, merci. Je n'en veux pas.*

1. — Tu aimes les cerises?

   — Oh, oui. (je / adorer)

   _____

2. — Où est-ce qu'ils ont acheté leur nouvelle voiture?

   — (ils / acheter / à Versailles)

   _____

3. — Est-ce que vous êtes jamais allés en Afrique?

   — Non, mais (nous / vouloir aller un jour)

   _____

4. — Je peux utiliser ta calculatrice?

   — Non, (je / avoir besoin)

   _____

5. — Tes parents vont souvent au théâtre?

   — Non, pas très souvent. (ils / aller trois fois par an)

   _____

6. — Je voudrais voir des sandales.

   — Oh, je suis désolée. (nous / ne pas avoir)

   _____

7. — Le nouveau film de Tavernier, c'est bien?

   — Je ne sais pas. (je / ne pas voir)

   _____

8. — Tu as des cassettes de Prince?

   — Mais oui. (je / avoir cinq ou six)

   _____

9. — Tu connais bien la ville de Québec?

   — Ah, oui. (je / passer quelques mois l'année dernière)

   _____

10. — Tu as vu l'excellente exposition de sculpture au musée?

    — Pas encore. Mais (je / vouloir bien voir)

    _____

11. — Tu veux du café?

    — Non, merci. (je / ne jamais boire)

    _____

12. — Je dois retourner au magasin de disques.

    — Ah, oui. Pourquoi?

    — (je / oublier mes gants)

    _____

13. — Tu aimes la télévision?

    — Pas tellement. (je / ne pas regarder très souvent)

    _____

14. — Ils ont acheté des vêtements?

    — Ah, oui. (ils / acheter beaucoup)

    _____

Complete the remaining conversations, putting the verb into the *imperative (command)* form and using the appropriate pronoun.

    MODELE   — Regarde ma nouvelle chaîne-stéréo! Oui, oui. (regarder)
                     — *Regarde-la!*

15. — Tu veux encore de la salade. Mais oui. N'hésite pas.(prendre)

    _____

16. — Oui, vous pouvez emprunter ces verres en cristal. Mais attention. (ne pas casser) Ils appartenaient à ma grand-mère.

    _____

17. — Nous allons au concert, toi et moi.

    — Mais, oui. (aller) Ça va être sensationnel!

    _____

18. — J'adore cette robe verte. Mais elle coûte très chère.

    — Ça ne fait rien. (acheter), si tu veux.

    _____

See page 141 for the answers to the test. The total number of points is 36. If you received a score of 29 or better, you have demonstrated sufficient control of this structure and may proceed directly to Exercise III on page 31 in the **Manuel de préparation**.

If your score is less than 29, read the rules for pronouns in the **Rappel** section immediately following this test; then do **Exercices de révision I, II, III**. After correcting these exercises (see page 142 for the answers), do the **Repêchage** test. Finally, proceed to Exercise III on page 31 in the **Manuel de préparation**.

The personal subject pronouns (**il, elle, ils, elles**) and direct object pronouns (**le, la, les**) can be used to designate things as well as people.

Le livre? Où est-**il**? Je ne peux pas **le** trouver.
Tu as une nouvelle voiture? De quelle couleur est-**elle**? Où est-ce que tu l'as achetée?
Voici les dossiers. **Ils** étaient sur le bureau. Qui veut **les** regarder?
Vous aimez les asperges? Moi, je ne **les** aime pas. **Elles** ont un goût bizarre.

However, the indirect object pronouns used to designate things are **y** and **en**.

a. The indirect object pronoun **y** is used to replace nouns referring to places and things that are introduced by a preposition other than **de**.

— Quand sont-ils allés en France? — Ils **y** sont allés l'été dernier.
— Mes lunettes sont sur la table? — Non, elles n'**y** sont pas.
— Qui va répondre à la question? — Moi, je vais essayer d'**y** répondre.

b. The indirect object pronoun **en** is used to replace nouns referring to places and things that are introduced by the preposition **de**.

— Vous allez en Europe ou vous revenez d'Europe?
— Nous **en** revenons.

— Tu veux de la salade?
— Non, merci. Je n'**en** veux pas.

— Elle a besoin d'argent?
— Oui, elle **en** a vraiment besoin.

— Il a acheté des poires.
— Oui, il **en** a acheté deux kilos. (deux kilos *de* poires)

En is also required with numbers that are not directly followed by a noun.

— Vous avez un téléviseur chez vous?
— Oui, en effet, nous **en** avons deux.

The position of **le, la, les, y,** and **en** in a sentence is identical to that of the pronouns used to refer to people:

• before the verb in simple and compound tenses as well as in negative commands:

Nous **les** réparerons.
Elle **y** est déjà allée deux fois.
Vous n'**en** voulez pas?
Ne **la** fermez pas.

• before the infinitive:

J'aimerais bien **y** habiter.
Nous avons peur de **les** perdre.

• after the verb in affirmative commands:

Vas-**y**!
Prenez-**en**, si vous voulez!
Attrappez-**le**!

REMINDER: The pronoun is determined by the verb to which it is going to be connected. Consequently, in some situations, transformations are necessary. For example,

— Tu aimes les petits pois?   — Non, je n'**en** mange jamais.
(The verb **aimer** is followed by a definite article, **les,** but the verb **manger** requires a partitive, **des.** Therefore, the pronoun **en** is replacing **des** not **les.**)

— Tu étudies la science politique?   — Oui, je m'**y** intéresse beaucoup.
(The verb **étudier** is followed by a direct object, **la science politique,** but the verb **s'intéresser** is followed by the preposition **à.** Therefore, the pronoun **y** is replacing **à la science politique.**)

Exercices de révision

I. Direct ou indirect? Complete the following sentences with the appropriate direct or indirect object pronoun (**le, la, les, y, en**).

1. Vous aimez les carottes? Ah, non. Je ne _____ aime pas.

2. Tu es déjà allé en Italie? Oui, j' _____ suis allé quand j'étais tout petit.

3. Elle veut lire la lettre de François? Non, elle _____ a déjà lue.

4. Vous avez vu des films pendant les vacances? Oh, oui. Nous _____ avons vu trois ou quatre.

5. Tu aimes la science fiction? Non, je ne m' _____ intéresse pas beaucoup.

6. Ils vont à la FNAC? Je voudrais bien _____ aller avec eux.

7. Leur voiture ne marche pas? Qui va _____ réparer?

8. Il y a de la glace? Qui _____ veut?

9. Mais c'est un tout petit chien très mignon! Pourquoi est-ce que tu _____ as peur?

10. Tu as une nouvelle robe? Tu vas _____ mettre pour aller au bal?

11. J'ai bien fait d'aller à la bibliothèque. J' _____ ai rencontré Gérard, qui m'a dit que l'examen serait lundi.

12. Où sont les disques que Marc a apportés? Ah, _____ voilà!

13. Tu aimes les épinards? Je ne sais pas. Je n' _____ ai jamais mangé.

14. Vous voyez ce colis? Ouvrez- _____ ! C'est un cadeau pour vous.

15. Pourquoi est-ce qu'elle a vendu son ordinateur? Elle n' _____ a plus besoin.

II. Maman, on peut... ? The children asked their mother for permission to do certain things; her responses vary according to the situation. Rewrite the children's and the mother's sentences by replacing the words in italics with the appropriate pronoun (**le, la, les, y, en**).

MODELE   — Maman, je peux prendre *cette pomme?*
               — Oui, prends *cette pomme.* J'ai encore deux ou trois *pommes* dans la cuisine.
               — Oui, prends-la. J'en ai encore deux ou trois dans la cuisine.

1. — Maman, je peux prendre *cette poire?*

   — Non, ne prends pas *cette poire.* Je n'ai plus de *poires* dans la cuisine.

_____

_____

2. — Maman, nous avons faim. Est-ce qu'il y a des croissants?

— Oui, j'ai acheté une demi-douzaine *de croissants* ce matin. Prenez *des croissants*, si vous voulez.

_____

_____

3. — Maman, je peux aller au parc jouer avec mes copines?

— Oui, va *au parc,* si tu veux, ma petite. Mais ne reste pas trop longtemps *au parc.* On va dîner bientôt.

_____

_____

4. — Maman, on peut aller au supermarché acheter les légumes pour ce soir?

— Non, mes petits, n'achetez pas *les légumes* au supermarché. Les légumes coûtent trop chers *au supermarché.*

_____

_____

5. — Maman, je peux avoir un nouveau vélo?

— Mais non. Tu as déjà *un vélo* qui est très bien. Nous avons acheté *ton vélo* l'année dernière.

_____

_____

III. Une lycéenne. Micheline Delong, a young high school student from Paris, was asked some questions. Write Micheline's answers using the words in parentheses and the appropriate pronouns **(le, la, les, y, en)**.

MODELE   Depuis combien de temps êtes-vous au lycée? (quatre ans)
J'y suis depuis quatre ans.

1. Combien de cours prenez-vous? (dix ou onze)

_____

2. Avez-vous des devoirs tous les soirs? (beaucoup)

_____

3. Quand est-ce que vous faites vos devoirs? (après le dîner)

_____

4. A quelle heure est-ce que vous arrivez au lycée le matin? (vers 8h30)

_____

5. Où est-ce que vous prenez le déjeuner? (à la cafétéria)

_____

6. A quelle heure est-ce que vous rentrez de l'école? (vers 6h)

_____

7. Combien de langues étrangères parlez-vous? (deux — l'anglais et l'allemand)

_____

8. Avez-vous jamais été en Allemagne? (oui / passer l'été de 1991)

_____

9. Avez-vous jamais été aux Etats-Unis? (non, mais / espérer aller un jour)

_____

10. Avez-vous l'intention de faire des études universitaires? (oui)

_____

11. Est-ce que vous allez prendre des cours de science? (non)

_____

12. Pourquoi pas? Vous n'aimez pas les sciences? (ne pas s'intéresser vraiment)

_____

Repêchage

Complete the following conversations using the words in parentheses and the appropriate direct or indirect object pronoun (**le, la, les, y, en**).

MODELE — Tu veux de la salade?
— Non, merci. (je / ne pas vouloir)
Non, merci. Je n'en veux pas.

1. — Où est-ce que tu as acheté ces poires?

   — (acheter au marché)

   _____

2. — Elles sont déjà allées au Mexique?

   — Non, mais elles (espérer aller l'été prochain)

   _____

3. — Oh, je n'ai pas de stylo.

   — Ça ne fait rien. Moi, (avoir deux)

   _____

4. — Vous avez vu le nouveau film avec Gérard Depardieu?

   — Pas encore. Mais nous (aller voir ce soir)

   _____

5. — Ils vont souvent à l'église?

   — Ah, oui. Ils (aller deux ou trois fois par semaine)

   _____

6. — Tu aimes le pâté de fois gras?

   — Ah, oui. Je (adorer)

   _____

7. — Tu veux du pâté de fois gras?

   — Non, merci. Je (prendre déjà)

   _____

8. — Tu peux me prêter de l'argent?

   — Non. Je (avoir juste assez pour moi)

   _____

9. — Tu peux me donner ta calculatrice?

   — Oui, mais pourquoi?

   — Je (vouloir montrer à mes parents)

   _____

10. — J'ai vu Francine à la bibliothèque hier soir?

    — Impossible! Elle (ne jamais aller)

    _____

11. — Vous avez déjà voyagé en Europe?

    — Non, mais nous (avoir l'intention de passer le mois de juillet)

_____

12. — Je peux utiliser ta calculatrice?

    — Oui, je (ne pas avoir besoin aujourd'hui)

_____

13. — Je ne veux pas retourner à Las Vegas.

    — Pourquoi pas?

    — Je (perdre 500 dollars l'année dernière)

_____

14. — Tu as vu les nouveaux clips?

    — Oui, je (voir hier soir)

_____

Complete the remaining conversations, putting the verb into the *imperative (command)* form and using the appropriate pronoun.

    MODELE   — Regarde ma nouvelle chaîne-stéréo! Oui, oui. (regarder)
                 — *Regarde-la!*

15. — Je donne le chèque à André!

    — Non, non. (donner à son frère)

_____

16. — Moi, je peux répondre à la question.

    — Non, (ne pas répondre) C'est le tour d'Elisabeth.

_____

17. — Je dois apporter mes skis?

    — Oui, oui. (apporter) On fera du ski.

_____

18. — Quels bons desserts! Nous pouvons manger un peu de mousse?

    — Bien sûr. (prendre) C'est pour tout le monde.

_____

See page 141 for the answers to the test. The total number of points is 36. If you received a score of 29 or better, you have passed the test. If you scored below 29, let your instructor know by placing an X in the box at the upper right-hand corner of the re-test.

Now proceed to the **Manuel de préparation** and do Exercise III on page 31.

Test

Read the answer, then complete each question with an appropriate interrogative form or expression.

1. — _____ frères as-tu?

   — J'ai deux frères.

2. — _____ veut aller au match de football?

   — Georges et Patrick voudraient bien y aller; moi, je ne peux pas.

3. — _____ des serpents?

   — Non, elle n'en a pas peur.

4. — _____ ils ont acheté?

   — Des pulls et des compact disques.

5. — _____ vas-tu passer le week-end?

   — Je vais à Bourges, chez mes grands-parents.

6. — _____ t'a réveillé?

   — Un bruit très fort — un train, peut-être, ou une moto.

7. — _____ elles vont partir pour Grenoble?

   — Samedi après-midi.

8. — _____ voulez-vous voir?

   — Je voudrais voir le directeur ou son assistante.

9. — _____ tu as besoin de quelque chose?

   — Oui, j'ai besoin d'une brosse à dents et de dentifrice.

10. — _____ il faut faire?

    — D'abord, il faut parler au professeur et, si ça ne marche pas, on peut aller voir le directeur.

11. — _____ s'appelle ton cousin?

    — Il s'appelle Bernard.

12. — _____ t'a donné cette montre?

    — Ma mère. Elle me l'a donnée pour mon anniversaire.

13. — _____ cherches-tu?

    — Une boîte dans laquelle je peux laisser mes affaires.

14. — _____ les autres ne peuvent pas nous accompagner?

    — C'est parce qu'ils ont trop de travail à faire à la maison.

15. — _____ vous attendez?

    — Nous attendons mon frère et sa femme.

Rappel Les questions d'information; les pronoms interrogatifs **qui** et **que**

When you ask a question, you already know what kind of answer you are expecting — for example, *yes* or *no,* a piece of information, the name of a person, or a thing.

1. Questions that can be answered with *oui* or *non*

You can get a **oui** or a **non** for an answer by:

a. raising your voice at the end of a declarative sentence;

Tu vas au cinéma ce soir?   Ils sont déjà partis?

b. placing **est-ce que** before the subject and verb;

Est-ce que tu vas au cinéma ce soir?
Est-ce qu'ils sont déjà partis?

c. inverting the subject and the verb. (If the verb ends in a vowel, you must add -**t**-.)

Vas-tu au cinéma ce soir?
Sont-ils déjà partis?
A-t-elle un appartement?

2. Information questions

You can use the interrogative adverbs **où, quand, comment, pourquoi,** and **combien de** to get specific information. Each expression can be followed either by: (a) **est-ce que** + subject and verb, or (b) an inverted verb and subject.

Où est-ce que tu habites? / **Où** habites-tu?
Pourquoi est-ce qu'ils sont restés à la maison? / **Pourquoi** sont-ils restés à la maison?
Combien de cours est-ce que vous prenez? / **Combien de** cours prenez-vous?

3. Questions that have a person for an answer

Qui is used when you expect the answer to be a *person.* The exact form of **qui** depends on the other words in the sentence.

a. **Qui** + verb? (The answer will be the *subject* of the verb.)

Qui est là?   **Qui** parle?   **Qui** a fait ce bruit?

b. **Qui + verb + subject?** (The answer will be the *object* of the verb; the subject and verb are inverted.)

    Qui cherches-tu?
    Qui regardaient-ils?
    Qui avez-vous vu?

c. **Qui est-ce que + subject + verb?** (The answer will be the *object* of the verb; the subject and verb follow normal word order.)

    Qui est-ce que tu cherches?
    Qui est-ce qu'ils regardaient?
    Qui est-ce que vous avez vu?

4. Questions that have a thing for an answer

Que is used when you expect the answer to be a *thing*. The exact form of **que** depends on the other words in the sentence.

a. **Qu'est-ce qui + verb?** (The answer will be the *subject* of the verb.)

    Qu'est-ce qui ne va pas?
    Qu'est-ce qui s'est passé?
    Qu'est-ce qui te fait mal?

b. **Que + verb + subject?** (The answer will be the *object* of the verb; the subject and verb are inverted.)

    Que cherches-tu?
    Que regardaient-ils?
    Qu'avez-vous vu?

c. **Qu'est-ce que + subject + verb?** (The answer will be the *object* of the verb; the subject and verb follow normal word order.)

    Qu'est-ce que tu cherches?
    Qu'est-ce qu'ils regardaient?
    Qu'est-ce que vous avez vu?

Exercices de révision

I. Faisons connaissance! Use the expressions provided to ask questions about your new friend and his/her family. Give two possible forms for each question (**est-ce que** and inversion).

Parlons d'abord de toi!

1.   combien de frères et de sœurs / tu / avoir

    _____

    _____

2.   tu / habiter près du centre-ville

    _____

    _____

3.   quand / tu / commencer à apprendre le français (**passé composé**)

    _____

    _____

Maintenant, parlons de ta mère.

4. où / elle / travailler

_____

_____

5. comment / elle / aller à son travail

_____

_____

6. elle / avoir beaucoup de temps libre

_____

_____

II. Un professeur mécontent. The French professor is having a very trying day. In the first part of this exercise, all of his/her questions have a *person* as an answer. Choose the appropriate form (**qui** or **qui est-ce que**) to complete each question.

1. _____ a fait les devoirs pour aujourd'hui?

2. Mademoiselle, _____ regardez-vous? Il vous intéresse plus que notre leçon?

3. _____ veut répondre à la première question?

4. Monsieur, _____ vous écoutez? Evidemment, ce n'est pas moi.

5. _____ a dessiné cette image sur le tableau?

6. _____ elle représente, cette personne qui ne sourit pas?

Now, all of the professor's questions have *things* for an answer. Choose the appropriate form (**que, qu'est-ce qui, qu'est-ce que**) to complete each question.

7. _____ vous avez fait comme devoirs pour aujourd'hui?

8. _____ se passe là-bas?

9. _____ ils font, les trois étudiants au dernier rang?

10. Oui, Mademoiselle. _____ voulez-vous?

11.-12. Vous êtes tout pâle, Monsieur! _____ vous avez?

_____ vous fait mal?

III. Raid en Nouvelle-Zélande. Complete the following interview with Nanou Gaimard — a young French woman who, at the age of 29, went on an endurance-type camping trip to New Zealand — by asking a question that would get the information in italics.

— C'était vraiment une aventure prodigieuse, ce raid en Nouvelle-Zélande.

1. — _____

— Nous avons fait ce raid *en automne, 1988*. Mes compagnons et moi, nous avons quitté la France, fin octobre.

2. — _____

— Il y avait *sept* personnes — six hommes et moi, la seule femme. Mais je n'étais pas vraiment seule.

3. — _____

— J'accompagnais *mon mari*, Alain. Au départ, nous étions un peu tristes pourtant.

4. — _____

— *Parce que nous laissions derrière nous notre petite fille, Kim.* Mais, à part ça, c'était vraiment une aventure inoubliable.

5. — _____

— D'abord, nous sommes allés *à Wellington, la capitale fédérale*. C'est de là que nous avons commencé la partie la plus difficile du voyage.

6. — _____

— Nous avons voyagé *à cheval, en raft, en canoë et à pied*. Le terrain était vraiment beau, mais très dur. Mais nous n'avons pas eu de problèmes pourtant.

7. — _____

— Nous avions toujours dans nos sacs *nos sacs de couchage, nos tentes, des vêtements isolants et des rations alimentaires*. Et la température était toujours relativement douce.

8. — _____

— *La nature — la nature pure, sans pollution* — m'a impressionnée le plus. Nous avons de merveilleuses photos de montagnes superbes, de lacs d'un bleu pur, de paysages parfaitement intacts.

9. — _____

— *Gérard Fusil*, notre caméraman, a filmé le voyage.

10. — _____

— *Ah, oui.* J'aimerais bien y retourner un jour — avec ma fille!

(Exercice inspiré d'un article dans *Vital*, no. 102, mars 89)

Repêchage

Read the answer, then complete each question with an appropriate interrogative form or expression.

1. — _____ tu habites?

   — J'habite à Versailles, tout près de Paris.

2. — _____ vous avez fait au musée?

   — Ben, nous avons regardé l'exposition Dubuffet.

3. — _____ as-tu peur des chiens?

   — Parce qu'un chien m'a attaqué quand j'étais tout petit.

4. — Michel, c'est ton cousin, non? _____ aller au concert avec nous?

   — Non, il ne va pas y aller avec nous; il doit rester à la maison.

5. — _____ faut-il savoir pour l'examen?

   — Il faut savoir les pronoms d'objet direct et indirect.

6. — _____ joue dans ce film?

   — Gérard Depardieu, je pense.

7. — _____ fois as-tu vu ce film?

   — Je l'ai vu trois fois.

8. — _____ s'est passé?

   — Je ne sais pas. Il y a eu un accident, peut-être.

9. — _____ elle s'appelle, cette étudiante-là?

   — Elle s'appelle Véronique, Véronique Bonduelle.

10. — _____ le temps de nous parler?

    — Non, nous n'avons pas le temps. Nous sommes trop occupés.

11. — Monique, _____ vas-tu?

    — En ville. J'ai rendez-vous chez le dentiste dans un quart d'heure.

12. — _____ vous allez faire ce week-end?

    — Nous allons faire de la planche à voile.

13. — _____ ils veulent voir?

    — Ils veulent voir M. Argaud.

14. — _____ les autres vont arriver?

    — Dans vingt minutes.

15. — _____ as-tu vu au cinéma?

    — Janine et sa sœur.

See page 143 for the answers to the test. The total number of points is 15. If you received a score of 12 or better, you have passed the test. If you scored below 12, let your instructor know by placing an X in the box at the upper right-hand corner of the re-test.

Now proceed to the **Manuel de préparation** and do Exercise II on page 102.

Test

Answer the questions about Jean's activities by referring to the calendar entries.

lundi	mardi	mercredi	jeudi	vendredi	samedi	dimanche
1 cours d'espagnol déjeuner (Monique) piscine Eric au café cinéma	**2** train—Versailles visite du château retour—Paris dîner avec parents	**3** cours d'espagnol cours de chimie 1h—dentiste étudier examen!	**4** examen d'espagnol déjeuner (Michel) centre commercial	**5** billets de train téléphoner (Michel) préparer les skis faire les valises	**6** VACANCES! Départ— Albertville 4h—Arrivée descendre chez tante Suzie	**7** téléphoner (Monique) cartes postales faire du ski
8 ski avec Monique déjeuner (Monique) courses	**9** boulangerie épicerie 11h—Suzie chez le médecin ski	**10** ski avec Monique 8h—restaurant (Monique)	**11** acheter souvenirs bijouterie dîner à la maison (Monique)	**12** SKI AVEC MONIQUE	**13** ski avec Monique déjeuner (Carlos) 8h—fête chez Carlos	**14** rentrée à Paris téléphoner aux parents se coucher tôt
15 cours d'espagnol librairie déjeuner (Monique) dîner—parents de Monique	**16** Fido chez le vétérinaire déjeuner (Monique) rendez-vous (prof d'espagnol)	**17** cours d'espagnol cours de chimie voiture au garage 4h—chercher la voiture	**18** téléphoner à Paul, Carlos, Monique bibliothèque 3h—dentiste	**19** cours d'espagnol cours de chimie librairie après-midi acheter—pull	**20** déjeuner (Monique) chez Paul centre commercial	**21** dormir tard cinéma avec Monique

Lundi, le premier:

1. Est-ce que Jean est allé au cours d'espagnol avant ou après le déjeuner avec Monique?

_____

2. Qu'est-ce qu'il a fait après le déjeuner?

_____

3. Il a retrouvé Eric avant d'aller à la piscine, n'est-ce pas?

_____

Jeudi, le 4:

4. Qu'est-ce qu'il fait d'abord?

_____

5. Qu'est-ce qu'il fait ensuite?

_____

6. Qu'est-ce qu'il fait enfin?

_____

Vendredi, le 5:

7. Le soir, Jean a d'abord fait ses valises et ensuite il a préparé ses skis, n'est-ce pas?

_____

C'est aujourd'hui lundi, le 8:

8. Qu'est-ce que Jean a fait hier?

    _____

9. Qu'est-ce qu'il va faire cet après-midi?

    _____

10. Qu'est-ce qu'il va faire demain à 11h?

    _____

11. Qu'est-ce qu'il va faire après-demain?

    _____

Jeudi, le 11:

12. Qu'est-ce que Jean va faire d'abord?

    _____

13. Où est-ce qu'il va aller ensuite?

    _____

14. Qu'est-ce qu'il va faire le soir?

    _____

Questions générales:

15. Jean voit Monique rarement, n'est-ce pas?

    _____

16. Est-ce qu'il va quelquefois au café?

    _____

17. Combien de fois est-ce qu'il est allé chez le dentiste?

    _____

18. Il va souvent à la bibliothèque, n'est-ce pas?

    _____

19. Est-ce qu'il a passé assez longtemps à Albertville?

    _____

20. Est-ce qu'il sort assez fréquemment le soir?

    _____

See page 144 for the answers to the test. The total number of points is 20. If you received a score of 16 or better, you have demonstrated your understanding of time adverbs and may proceed directly to Exercise X on page 175 in the **Manuel de préparation.**

If your score is less than 16, read the explanations about the use of adverbs of time in the **Rappel** section immediately following this test; then do **Exercices de révision** I and II. After correcting these exercises (see page 144 for the answers), do the **Repêchage** test. Finally, proceed to Exercise X on page 175 in the **Manuel de préparation.**

Adverbs of time are used to indicate when or how often something happened. Adverbs modify verbs and are invariable (i.e., they don't take any agreement). Most adverbs are placed after the verb, although a few may come either at the beginning or at the end of a sentence.

Adverbs of time can be used for a variety of purposes.

The adverbs **d'abord (premièrement)**, **ensuite (puis)**, and **enfin (finalement)** are used when you wish to indicate the sequence of a series of actions.

> — Qu'est-ce que tu as fait hier soir?
> — **D'abord** j'ai mangé quelque chose, **ensuite** j'ai fait mes devoirs, et **enfin** j'ai regardé un peu la télévision.

The adverbs **avant** and **après** indicate whether something happened *before (before hand)* or *after (aftewards)* something else.

> **Avant** le cours de français, je suis allé à la bibliothèque; **après** le cours, j'ai déjeuné avec Peter.

The adverbs **aujourd'hui, demain, après-demain,** and **hier** designate days in reference to a specific point in time.

> **Hier** je me suis reposé. **Aujourd'hui** il faut absolument que je travaille parce que j'ai un examen **demain.** Je pars en vacances **après-demain.**

Adverbs like **souvent, toujours, quelquefois,** and **rarement** indicate the frequency with which something happens. Note that some of these adverbs can be modified by **assez, très** for additional emphasis.

> Je vais **très souvent** au cinéma parce que c'est ma grande passion. Par contre, je vais **assez rarement** au théâtre. **Quelquefois** j'y vais avec ma femme qui adore les pièces de Molière.

A variety of other time adverbs will help you to be more precise about your activities.

entretemps	*in the meantime*
déjà	*already*
longtemps	*a long time*
tout de suite	*immediately, right away*
tôt	*early*
tard	*late*
bientôt	*soon*
plus tard	*later*
à temps	*on time*

Exercices de révision

I. L'expansion de la phrase. Redo the sentences by using the French equivalent of the English adverbs given in parentheses.

1. Monique ne sort pas. (often)

_____

2. Je vais aller à l'épicerie; je vais chez le dentiste; je vais boire quelque chose. (first / then / finally)

_____

3. Toi, tu fais les valises; moi, je cherche les billets. (in the meantime)

_____

4. Est-ce que vous êtes allé au centre commercial? (already)

_____

5. Est-ce que nous allons te voir? (soon)

_____

6. Qu'est-ce que tu vas faire? (the day after tomorrow)

_____

7. Vous allez rendre visite à vos grands-parents. (today)

_____

8. Il est parti; il est rentré. (very early / very late)

_____

9. Je préfère lui téléphoner. (later)

_____

10. Il m'a écouté. (finally)

_____

11. Nous sommes allés au restaurant. (afterwards)

_____

12. Elle est en retard. (always)

_____

II. Questions personnelles. Answer the questions according to your own experience. Each answer must have a time adjective in it.

1. Est-ce que vous allez au concert?

_____

2. Est-ce que vous faites du ski?

_____

3. Quelle est la première chose que vous faites le matin?

_____

4. Qu'est-ce que vous faites d'habitude le soir? Faites une énumération de vos activités.

_____

5. Qu'est-ce que vous allez faire après-demain?

_____

6. Est-ce que vous étudiez beaucoup avant vos examens?

_____

7. Est-ce que vous faites vos devoirs?

_____

8. Qu'est-ce que vous aimez faire avant de vous coucher?

_____

9. Est-ce que vous téléphonez à vos amis?

_____

10. Qu'est-ce que vous avez fait hier?

_____

Repêchage

Answer the questions about Jean's activities by referring to the calendar entries.

lundi	mardi	mercredi	jeudi	vendredi	samedi	dimanche
1 cours d'espagnol déjeuner (Monique) piscine Eric au café cinéma	**2** train—Versailles visite du château retour—Paris dîner avec parents	**3** cours d'espagnol cours de chimie 1h—dentiste étudier examen!	**4** examen d'espagnol déjeuner (Michel) centre commercial	**5** billets de train téléphoner (Michel) préparer les skis faire les valises	**6** VACANCES! Départ— Albertville 4h—Arrivée descendre chez tante Suzie	**7** téléphoner (Monique) cartes postales faire du ski
8 ski avec Monique déjeuner (Monique) courses	**9** boulangerie épicerie 11h—Suzie chez le médecin ski	**10** ski avec Monique 8h—restaurant (Monique)	**11** acheter souvenirs bijouterie dîner à la maison (Monique)	**12** SKI AVEC MONIQUE	**13** ski avec Monique déjeuner (Carlos) 8h—fête chez Carlos	**14** rentrée à Paris téléphoner aux parents se coucher tôt
15 cours d'espagnol librairie déjeuner (Monique) dîner—parents de Monique	**16** Fido chez le vétérinaire déjeuner (Monique) rendez-vous (prof d'espagnol)	**17** cours d'espagnol cours de chimie voiture au garage 4h—chercher la voiture	**18** téléphoner à Paul, Carlos, Monique bibliothèque 3h—dentiste	**19** cours d'espagnol cours de chimie librairie après-midi acheter—pull	**20** déjeuner (Monique) chez Paul centre commercial	**21** dormir tard cinéma avec Monique

Lundi, le 15:

1. Jean est allé à la librairie après le déjeuner, n'est-ce pas?

_____

2. Qu'est-ce qu'il a fait d'abord le matin?

_____

Mardi, le 16:

3. Qu'est-ce qu'il a fait ce jour-là? Enumérez ses activités.

_____

Mercredi, le 17 et jeudi, le 18:

4. D'abord il a son cours de chimie et après il a son cours d'espagnol, n'est-ce pas?

_____

5. Il est allé au garage avant son cours de chimie, n'est-ce pas?

_____

6. A qui est-ce qu'il a téléphoné le lendemain? Enumérez ses coups de téléphone.

_____

7. Est-ce qu'il est allé chez le dentiste tout de suite après la bibliothèque?

_____

Vendredi, le 19:

8. Quand est-ce que Jean a acheté un pull?

_____

Samedi, le 20:

9. Est-ce qu'il est allé chez Paul avant ou après le déjeuner?

_____

10. Qu'est-ce qu'il a fait l'après-midi?

_____

11. Qu'est-ce qu'il a enfin fait à la fin de la semaine du 21?

_____

See page 145 for the answers to the test. The total number of points is 15. If you received a score of 12 or better, you have passed the test. If you scored below 12, let your instructor know by placing an X in the box at the upper right-hand corner of the re-test.

Now proceed to the **Manuel de préparation** and do Exercise X on page 175.

MISE AU POINT 23   Quelques prépositions de temps

Test

Complete the following sentences with the appropriate preposition — **pendant, pour, en, dans,** or **il y a.**

1. Alors, les enfants, un peu de patience! Nous serons chez mémé _____ une demi-heure.

2. On peut faire Paris-Lille _____ deux heures s'il n'y a pas trop de circulation.

3. J'ai fait sa connaissance _____ cinq ans, à un concert au Zénith.

4. Mes enfants ont regardé la télé _____ plus de trois heures hier soir. C'est vraiment une mauvaise habitude qu'ils ont.

5. Tes grands-parents viennent seulement _____ huit jours. Ils rentreront à Valenciennes le 15.

6. Je lui ai écrit _____ un mois, mais je n'ai pas eu de réponse.

7. Tous les soirs le bébé des voisins pleure _____ des heures et des heures. Qu'est-ce qu'il a, le pauvre?

8. _____ dix jours, ma sœur doit partir avec son mari en Amérique du Sud.

9. Ils ont très bien travaillé. Ils ont tout fini _____ moins de deux heures.

10. La semaine prochaine les Girbas partent au Canada _____ un mois.

See page 145 for the answers to the test. The total number of points is 10. If you received a score of 8 or better, you have demonstrated sufficient control of this structure and may proceed directly to Exercise II on page 250 in the **Manuel de préparation.**

If your score is less than 8, read the rules about prepositions of time in the **Rappel** section immediately following this test; then do **Exercices de révision** I and II. After correcting these exercises (see pages 145-146 for the answers), do the **Repêchage** test. Finally, proceed to Exercise II on page 250 in the **Manuel de préparation.**

Rappel   Quelques prépositions de temps (**pendant, pour, en, dans, il y a**)

The prepositions **pendant** *(for, during)*, **pour** *(for)*, and **en** *(in)* all indicate duration.

• **Pendant** has the most general meaning.

   Nous avons joué au bridge **pendant** quatre heures.

• **Pour** is used primarily with the verbs **partir, venir,** and **aller.**

   Elles vont en Allemagne **pour** quinze jours.

- **En** has the idea of the time required to complete an action.

    Ils ont repeint la maison **en** trois jours.

The prepositions **dans** *(in)* and **il y a** *(ago)* indicate temporal distance, rather than duration.

- **Dans** refers to the future.

    Ils partiront **dans** trois jours.   *(They will leave three days from now.)*

- **Il y a** refers to the past.

    Ils sont partis **il y a** trois jours.   *(They left three days ago.)*

Exercices de révision

I. Des distinctions. First, complete the following sentences, distinguishing between **pendant** and **pour**.

1. Elle a eu un accident et elle a dû rester allongée _____ plus d'un mois.

2. Nous irons à New York _____ cinq jours.

3. Elles sont venues _____ seulement deux jours.

4. _____ mes huit semaines de vacances, je suis toujours le dernier de la famille à me lever.

5. Comment? Tu pars _____ le week-end?

6. Ils ont passé les vacances en Bretagne _____ des années et des années.

Now distinguish between **pendant** and **en**.

7. Les enfants ont tout mangé _____ moins d'un quart d'heure.

8. _____ trois mois, il a fait beau en semaine et il a plu le week-end.

9. _____ combien de temps peut-on faire le voyage Paris-Londres par le tunnel?

10. Elle peut lire 50 pages _____ moins d'une heure.

11. _____ combien de temps est-ce que vous serez obligé de rester au lit?

Now, distinguish between **dans** and **il y a**.

12. Je suis allé chez les Jallès pour la première fois _____ trois jours.

13. Il faudra passer l'examen _____ trois semaines.

14. _____ quelques jours, j'aurai 60 ans.

15. Ils se sont mariés _____ 15 ans.

16. Nous nous reverrons _____ un mois.

Finally, distinguish between **dans** and **en.**

17. J'ai déjà fait un an et demi d'études; j'aurai donc mon diplôme _____ six mois.

18. C'est incroyable! Elle a si bien travaillé qu'elle a eu son diplôme _____ quinze mois.

19. Est-ce qu'on peut apprendre à parler chinois _____ un an?

20. Nous avons fait le voyage _____ un temps record.

21. _____ quelques années, tous les Français auront leur Minitel à la maison.

II. Un séjour au travail. Complete each sentence, using the appropriate preposition — **pendant, pour, en, dans, il y a.**

1. _____ six mois, le patron de ma femme lui a demandé d'aller travailler au Japon. Elle a accepté tout de suite.

2. Puis elle a proposé que je l'y accompagne. J'ai hésité _____ quelques jours, mais j'ai fini par dire oui.

3. Je lui ai demandé: «Est-ce qu'on peut apprendre à parler japonais _____ quelques mois?»

4. Nous avons commencé notre cours de japonais _____ cinq semaines.

5. Ma femme, qui est douée pour les langues, a appris à faire une petite conversation _____ deux ou trois heures.

6. Moi, qui suis plutôt faible en langues, j'ai étudié le japonais deux heures par jour _____ trois semaines sans réussir à faire une phrase!

7. Eh bien, ma femme part bientôt au Japon _____ deux ans.

8. Moi, je la retrouverai à Tokyo _____ quelques mois... si j'arrive à apprendre un peu de japonais.

Repêchage

Complete the following sentences with the appropriate preposition — **pendant, pour, en, dans,** or **il y a.**

1. _____ trois ans, j'aurai 65 ans et je pourrai prendre ma retraite.

2. Elle ira en France _____ deux mois l'été prochain.

3. Nous avons divorcé _____ quatre ans.

4. _____ dix ans, j'ai lu régulièrement *Le Figaro*. Puis un jour j'ai acheté *Le Monde* et je

   ne lis plus *Le Figaro*.

5. Ils ont habité en Suisse _____ une dizaine d'années.

6. Ma fille a grandi de 20 cm _____ six mois. Elle mange peut-être trop.

7. Les élections municipales auront lieu _____ exactement vingt jours.

8. Le Concorde vous amène de Paris à New York _____ moins de trois heures.

9. _____ combien de temps est-ce qu'ils viennent, tes amis?

10. J'ai reçu sa lettre _____ quinze jours.

See page 146 for the answers to the test. The total number of points is 15. If you received a score of 12 or better, you have passed the test. If you scored below 12, let your instructor know by placing an X in the box at the upper right-hand corner of the re-test.

Now proceed to the **Manuel de préparation** and do Exercise II on page 250.

Test

Complete the following letter with **et, mais, parce que,** or **pour**. Be sure that the letter makes sense when you're done.

Boston, le 15 janvier 19..

Chère Annick,

Je te remercie de ta lettre du début de janvier _____ , moi aussi, je t'envoie mes meilleurs vœux pour le Nouvel An. J'espère que tout va bien chez toi et que tu n'es pas trop débordée par tes études. Mes cours ont repris, _____ il faut dire que j'ai quelques difficultés à me remettre au travail. C'est certainement _____ je continue à revivre mes vacances de Noël passées chez toi avec ta famille. Pour moi, c'était une expérience inoubliable _____ je suis contente de ma décision de retourner en France au mois de juin. J'ai l'intention de faire un stage dans une entreprise française _____ améliorer mon français, _____ faire des recherches sur la Communauté européenne _____ _____ établir des contacts qui pourront me servir une fois mes études terminées. _____ , bien sûr, je compte revoir tous mes amis. Ta mère m'a envoyé une carte pour le Nouvel An _____ elle a renouvelé son invitation de passer quelques semaines dans votre maison de campagne. Je lui ai déjà répondu, _____ j'ai expliqué que je ne pouvais pas encore être sûre des dates de ma visite. Tout dépendra du stage qui sera sûrement effectué à Paris.

Et toi, tu seras ici aux Etats-Unis l'année prochaine? On pourrait rentrer ensemble au mois d'août _____ tu pourras passer quelques jours chez moi avant de t'installer dans ton appartement. J'aurai une chambre de libre _____ ma camarade de chambre ne reviendra pas avant le 20 septembre. _____ même si tu ne viens pas chez moi, il y a toujours de la place chez mes parents. Fais-moi savoir ce que tu en penses.

En attendant d'avoir de tes nouvelles, je t'embrasse bien fort.

Jacqueline

See page 146 for the answers to the test. The total number of points is 14. If you received a score of 11 or better, you have demonstrated sufficient control of these expressions and may proceed directly to Exercise VIII on page 159 in the **Manuel de préparation**.

If your score is less than 11, read the explanation about the use of et, **mais, parce que** and **pour** in the **Rappel** section below; then do **Exercices de révision** I and II. After correcting these exercises (see page 146 for the answers), do the **Repêchage** test. Finally, proceed to Exercise VIII on page 159 in the **Manuel de préparation**.

Rappel   Les mots **et, mais, parce que** et **pour**

Et, mais, and **parce que** are conjunctions and **pour** is a preposition that serve to relate two ideas to each other. Their accurate use allows you to create compound sentences that lend a bit more sophistication to your style. It's important to use them accurately so that your message is received the way you intended it. In their basic usage, **et, mais, parce que,** and **pour** are equivalent to the English *and, but, because,* and *in order to.*

1. *Et*

Il sera en France **et** il aimerait bien nous rendre visite.
J'ai acheté un pull, un blouson **et** une chemise.

The conjunction **et** introduces an additional idea to the first part of a sentence. It is used to relate two ideas to each other, such as in the first example above. It is also used with the last element of an enumeration. Note that, in French, there is no comma placed before the **et** in the enumeration (English usually includes a comma).

2. *Mais*

Tu peux sortir, **mais** tu vas rentrer avant minuit.
Ce qu'il dit est intéressant, **mais** je ne suis pas du tout d'accord.

The conjunction **mais** serves essentially two purposes. The first is to put a limitation or restriction on an idea. This use is illlustrated in the first example in which permission is given to go out provided that the person is back by midnight. The second purpose of **mais** is to present opposition (see the second example).

3. *Parce que*

Je ne peux pas sortir **parce que** je dois m'occuper de mon frère.
Parce que j'étais malade, je n'ai pas pu faire mes devoirs.

The conjunction **parce que** is used to give a reason for why something happened. It is an answer to the stated or implied question *why* (**pourquoi**). As in English, the clause with **parce que** can be either in the first or the second position in the sentence.

Note that if you want to say *because of* + noun, you must use the expression **à cause de** + noun: **Elle ne peut pas nous accompagner à cause de sa santé.**

4. Pour

Elle va en France **pour** faire des recherches.
Pour comprendre les Français, il faut les voir chez eux.

As a preposition, **pour** *(in order to)* introduces the goal of an action. **Pour** is always followed by an infinitive and can be either the first or the second clause in a sentence.

Exercices de révision

I. On n'est pas d'accord. Complete each sentence using **et**, **mais**, **parce que**, or **pour**.

1. A mon avis, on devrait d'abord aller à Paris _____ ensuite à Toulouse.

2. _____ c'est pas logique. _____ on vient de Marseille, il serait plus simple de nous arrêter d'abord à Toulouse.

3. Peut-être. Mais on pourrait aussi aller dans l'autre sens. Moi, je voudrais d'abord remonter à Lyon _____ prendre le TGV.

4. _____ alors, où est-ce qu'on va de Lyon?

5. On pourrait aller à Dijon _____ j'y ai une tante qui a une grande maison. Dijon est une jolie ville _____ on pourrait faire quelques excursions dans la région.

6. _____ tu proposes alors qu'on aille de Dijon à Paris _____ redescendre ensuite à Toulouse?

7. Oui, pourquoi pas. _____ de Toulouse on peut ensuite descendre en Espagne.

8. _____ on avait pas l'intention de visiter l'Espagne! Je sais que tu parles bien l'espagnol, _____ moi je préfère rester en France.

9. Bon. Une fois arrivés à Toulouse, on peut se séparer. Toi tu passes quelques jours chez tes grands-parents _____ moi, je vais à Barcelone.

10. _____ où est-ce qu'on se retrouve?

11. Le plus facile, ce serait de se retrouver à Francfort le jour avant notre départ pour les Etats-Unis. Comme ça, on serait libre de faire ce qu'on veut _____ il est évident que nous ne sommes pas d'accord sur notre itinéraire.

II. Liaisons logiques. Combine each set of sentences logically, using **et, mais, parce que,** or **pour.**

1. Je vais faire mon doctorat. Je veux devenir professeur d'université.

   _____

2. Pour mon anniversaire, il m'a offert un bracelet. Il m'a aussi offert une bague. Il m'a aussi offert un pendantif.

   _____

3. On veut faire des progrès. Il faut beaucoup étudier.

   _____

4. Avant de partir, il faut aller chercher les billets. Il faut aussi faire les valises.

   _____

5. Elle ne peut pas sortir ce soir. Elle n'a pas fini son travail.

   _____

6. J'aimerais bien vous accompagner. Je n'ai pas le temps.

   _____

7. Il n'a pas son permis de conduire. Il est trop jeune.

   _____

8. Je veux aller au Québec. Mon intention est d'étudier la culture québécoise.

   _____

9. Je sais ce que vous dites. Vous n'avez pas raison.

   _____

10. Michel va faire des études au Sénégal. Hélène va faire des études au Sénégal aussi.

   _____

Repêchage

Complete Annick's response letter to Jacqueline using **et, mais, parce que,** and **pour**. After you're done, reread the letter to make sure it makes sense.

Vesoul, le 2 février 19..

Chère Jacqueline,

Bonne nouvelle! C'est décidé. Je vais passer l'année prochaine à Boston _____ je pourrai faire le voyage avec toi au mois d'août. Mes parents sont un peu nerveux, _____ j'ai pu les persuader que c'était une expérience indispensable si j'allais continuer mes études _____ devenir prof d'anglais. Ils ont essayé de me convaincre d'aller en Angleterre _____ ils ont même trouvé un programme qui n'est pas mal. Mais moi, ma préférence c'est pour les Etats-Unis _____ je veux devenir spécialiste en littérature américaine. En plus, ce sera mon premier voyage à l'étranger _____ je préfère me retrouver dans un endroit où je connais déjà quelqu'un. Si ça ne te dérange vraiment pas, je passerais bien quelques jours chez toi. J'ai décidé de me loger dans une des résidences universitaires plutôt que de louer un appartement. D'abord c'est moins cher _____ en plus j'aurai une camarade de chambre américaine. Ça m'obligera de parler anglais autant que possible. Je resterai toute l'année, _____ mes parents m'ont demandé de rentrer pour Noël _____ de passer les jours de fête en famille. J'aurais voulu faire l'expérience de Noël aux Etats-Unis, _____ je veux bien faire plaisir à mes parents. Après tout, ce sont eux qui me paient mes études _____ ils m'ont toujours soutenue dans mes projets. Est-ce que tu pourrais m'envoyer un plan de la ville de Boston? J'aimerais bien l'étudier avant mon départ _____ me situer et _____ montrer l'endroit à ma famille. _____ si tu as quelques photos ou un livre que tu peux me prêter, je te serais très reconnaissante. J'ai l'intention de me renseigner _____ je veux profiter autant que possible de mon séjour.

Envoie-moi vite de tes nouvelles.

Grosses bises,
Annick

See page 146 for the answers to the test. The total number of points is 15. If you received a score of 12 or better, you have passed the test. If you scored below 12, let your instructor know by placing an X in the box at the upper right-hand corner of the test.

Now proceed to the **Manuel de préparation** and do Exercise VIII on page 159.

CORRIGES

MISE AU POINT 1: Le présent de l'indicatif

Test   Total number of points: 32
         Passing score: 26

Each answer is worth 1 point. The verb form must be exactly correct; there is no partial credit.

1. va / peut
2. aimes / prends
3. faites / remplissons
4. demande / pars / répond / pleut
5. veulent / font
6. sortent / doit
7. savez / habitons
8. savent / ai
9. es / choisit
10. vais / sommes
11. passe / fait
12. voulez / peux
13. ont / sais
14. sort / sont
15. grandissent / travaillent

Exercices de révision

I. Des monologues
1. restons / m'occupe / écoute / regardent / passes / vous amusez
2. rougissez / réussis / salissent / choisit / grossissons
3. descendez / attendent / rendons / répond / défends / perds / vais
4. êtes / avez / vont / fait / ai / font / est / suis / avons / sommes / faisons / faites
5. veulent / veux / pouvez / devez / peuvent / doivent / voulons / devons / peux / dois / ai / peut / veut
6. prends / mets / prends / mets / apprennent / prend / met / fait / comprenez
7. venez / viens / sors / es / sortent / sortons / viens / vient / viennent
8. faut / pleut / vaut

II. Vous et les autres
(There are numerous possibilities for each sentence; however, you should verify that the verb form you use matches the one given here.)

1. b. comprennent c. comprend d. comprenons
2. a. vais b. va c. vont
3. a. descends b. descendons c. descendent d. descend
4. a. avons b. ont c. ai d. a
5. a. veux b. veut c. veulent d. voulons
6. a. réussissent b. réussit c. réussissons d. réussis
7. a. viennent b. viens c. venons d. vient
8. a. sommes b. suis c. est d. sont
9. a. joue b. joue c. jouent d. jouons
10. a. sort b. sortent c. sortons d. sors
11. a. peut b. peuvent c. peux d. pouvons
12. a. fais b. faisons c. font d. fait

Repêchage

> Total number of points: 31
> Passing score: 25

Each answer is worth 1 point. The verb form must be exactly correct; there is no partial credit.

1. vont / prennent
2. faites / rendons
3. vieillissent / ont
4. permets / veux
5. sont / peuvent

6. dois / fait / faut
7. viennent / sais
8. comprends / vais
9. vient / réussit
10. descend / continuons

11. a / font
12. peux / êtes
13. prenons / savons
14. viens / ai
15. as / sors

MISE AU POINT 2: Les expressions *c'est (ce sont)*, *il y a*, *voici* et *voilà*

Test

> Total number of points: 12
> Passing score: 10

Each answer is worth 1 point. There is no partial credit.

1. Ce sont
2. C'est
3. c'est
4. ce sont

5. C'est
6. C'est
7. Voilà
8. il y a

9. Voici
10. Voilà
11. Il y a
12. Voici

Exercices de révision

I. *C'est ou ce sont?*

1. C'est
2. Ce sont
3. c'est
4. Ce sont

5. C'est
6. C'est
7. C'est
8. C'est

9. Ce sont
10. C'est
11. C'est
12. C'est

II. *Il y a, voici, voilà*

1. il y a
2. Voici
3. voilà
4. Il y a

5. il n'y a pas
6. voici
7. Voilà
8. il y a

Repêchage

> Total number of points: 12
> Passing score: 10

Each answer is worth 1 point. There is no partial credit.

1. c'est
2. C'est
3. Ce sont
4. C'est

5. c'est
6. Ce sont
7. Voici
8. voilà

9. Il y a
10. Voici
11. il y a
12. Voilà

MISE AU POINT 3: Le passé composé et l'imparfait

Test   Total number of points: 40
         Passing score: 32

A. items 1-10 (**passé composé**) — If your answer is perfectly correct, give yourself 1 ½ points; if the helping verb and the past participle are correct, but there is an error in past participle agreement, give yourself 1 point.
B. paragraph (**imparfait**) — 1 point per answer, no partial credit.

A.
1. avez fait / sommes allés
2. t'es reposé / ai regardé
3. a fini / s'est couchée
4. vous êtes perdus / avons oublié
5. ont mis / n'ai pas vu
6. as pris / m'a donné
7. sont venus / est arrivée
8. n'a pas attendu / me suis levée
9. vous êtes amusés / a perdu
10. êtes rentrés / nous sommes dépêchés

B. étais / allait / avaient / nous dirigions / prenaient / faisions / descendaient / ne voulais pas / finissait / vous amusiez

Exercices de révision

I. Des monologues
1. n'est pas allé / a attendu / s'est trompé / a décidé
2. sommes rentrées / avons regardé / avons téléphoné / nous sommes couchées
3. ai dormi / n'ai pas déjeuné / me suis dépêché / suis arrivé
4. n'as pas fini / n'es pas venue / n'as pas répondu / t'es disputée
5. a pris / a mis / est sortie / sont allés / se sont bien amusés
6. avez fait / n'êtes pas allés / avez perdu / vous êtes amusés
7. avons pris / sommes descendus / sommes entrés / a acheté / ai vu / sommes restés / sont retournées

II. Des interrogatoires
1. étais / obéissais / te disputais / répondais / avais / étais / m'entendais / parlais
2. étiez / descendiez / sortiez / vous amusiez / avais / allais / aimais
3. était / faisait / prenait / réussissait / faisaient / allaient / faisait / étaient

Repêchage   Total number of points: 40
              Passing score: 32

A. items 1-10 (**passé composé**) — If your answer is perfectly correct, give yourself 1 ½ points; if the helping verb and the past participle are correct, but there is an error in past participle agreement, give yourself 1 point.
B. paragraph (**imparfait**) — 1 point per answer, no partial credit.

A.
1. as acheté / ai choisi
2. n'es pas allée / suis restée
3. est venue / a regardé
4. avez vu / sont rentrés
5. t'es disputée / a mis
6. ont fait / ont joué
7. n'a pas déjeuné / s'est levé
8. as parlé / se sont couchées
9. avez attendu / avons pris
10. as retrouvé / me suis trompée

B. prenait / habitaient / avait / attendions / finissais / se promenaient / faisait / nous amusions / étais / alliez

MISE AU POINT 4: Le plus-que-parfait

Test | Total number of points: 10
         | Passing score: 8

Each answer is worth 1 point. The verb form must be exactly correct; there is no partial credit.

1. avais perdu
2. était allée
3. s'était trompé
4. n'aviez pas eu
5. s'étaient couchées

6. avais téléphoné
7. avait oublié
8. étions partis
9. m'étais disputé
10. avaient décidé

Exercices de révision

I. Ce qu'on avait déjà fait
1. était sortie / avait mangé / s'était réveillée
2. étais déjà allé / avais déjà fait / t'étais déjà entraîné
3. étaient sortis / n'étaient pas encore rentrés / n'avaient pas téléphoné / s'étaient perdus
4. m'étais levé(e) / avais fini / étais allé(e)
5. avions téléphoné / nous étions réveillés / étions arrivés
6. ne vous étiez pas amusé / aviez dépensé / étiez revenu

II. Pourquoi (pas)?
1. (Parce qu') il avait fait une grosse faute à son examen de chimie.
2. Non. Elles étaient déjà montées se coucher.
3. Non. Elle n'avait pas fini ses devoirs.
4. Nous avions déjà visité Beaubourg.
5. Elle s'était bien amusée pendant sa première visite en 1990.
6. Il n'avait rien mangé depuis le matin.
7. Nous nous étions disputés la semaine dernière.
8. Non. Mes parents avaient pris la voiture pour aller à Cahors.
9. Il avait répondu à la même question cinq minutes avant.
10. Non. Ils étaient allés au cinéma avec des copains.

Repêchage | Total number of points: 15
              | Passing score: 12

Each answer is worth 1½ points. The verb form must be exactly correct; there is no partial credit.

1. était allé
2. avais fini
3. étions sortis
4. s'était couchée
5. avais pris

6. étais arrivé
7. me suis fâchée
8. avait dit
9. étaient partis
10. aviez déjà vu

MISE AU POINT 5: L'emploi du présent pour parler du futur

Test

> Total number of points: 20
> Passing score: 16

Each answer is worth 2 points: 1 point for the correct verb choice and 1 point for the correct spelling.

1. veut
2. as envie de
3. ai l'intention de
4. espérons
5. comptent

6. allez
7. veux
8. ai envie de
9. vont
10. vas

Exercices de révision

I. Des précisions
1. de
2. X
3. X
4. de
5. X

6. de
7. X
8. d'
9. X
10. de

II. Quels sont leurs projets?
1. Ils ont l'intention d'aller à Paris. Elle va aller à Paris. J'espère aller à Paris. Il veut aller à Paris.
2. Je ne veux pas prendre le cours de statistiques. Elle a l'intention de prendre le cours de statistiques. Il a envie de prendre le cours de statistiques.
3. Ils comptent acheter une Mercédès. Il ne va pas acheter une Mercédès. Je pense acheter une Mercédès.
4. J'espère réussir à l'examen de français. Ils vont réussir à l'examen de français. Elle compte réussir à l'examen de français.

III. Une interview
1. Est-ce que vous allez voyager aux U.S.A. avant de rentrer?
2. Qu'est-ce que vous voulez faire cet été?
3. Est-ce que vous espérez revenir aux U.S.A. un jour?
4. Qu'est-ce que vous avez l'intention de dire à vos amis sur les U.S.A.?
5. Est-ce que vous comptez faire un bon voyage?
6. Est-ce que vous allez être heureuse (contente) de revoir votre famille?
7. Qu'est-ce que vous pensez enseigner l'année prochaine?
8. Qu'est-ce que vous avez envie de faire quand vous rentrez en France?

Repêchage

> Total number of points: 16
> Passing score: 13

Each answer is worth 2 points: 1 point for the correct verb choice and 1 point for the correct spelling.

1. vais
2. veut
3. as l'intention de
4. comptons

5. avez envie de
6. vont
7. espères
8. pense

MISE AU POINT 6: Le futur

Test

| Total number of points: 15 |
| Passing score: 12 |

Each answer is worth 1 point. The verb form must be exactly correct; there is no partial credit.

1. passerez
2. irons
3. se passera
4. sera
5. dira
6. aurai

7. voudront
8. bâtira
9.-10. verra / fera
11.-12. pourrons / faudra
13.-14. prendra / reviendrons
15. saurai

Exercices de révision

I. L'avenir
1. prendrons / montera / quitteront / descendra / continuerez / changeras / irai
2. viendra / pourrai / serai / iront / fera / auras
3. verras / faudra / rendra / voudra / pourra / irons / sortirons / sera

II. Pas encore, mais...
(This exercise encourages you to use pronouns, where appropriate. However, the most important element of your answer is the future verb form.)

1. ... je le verrai ...
2. ... nous y irons ...
3. ... elle les saura ...
4. ... il reviendra ...
5. ... il y en aura une ...
6. ... nous pourrons (je pourrai) y aller...

7. ... elles y seront ...
8. ... il le prendra ...
9. ... elle se couchera ...
10. ... ils partiront ...
11. ... il faudra les manger ...
12. ... j'apprendrai ...

Repêchage

| Total number of points: 15 |
| Passing score: 12 |

Each answer is worth 1 point. the verb form must be exactly correct; there is no partial credit.

1.-2. accompagnerez / irons
3.-4. prendront / reviendra
5.-6. aura / faudra
7.-8. pourras / serai
9.-10. verront / invitera
11.-12.-13. ferez / me coucherai / lira
14.-15. sortiront / voudra

MISE AU POINT 7: Le présent du conditionnel

Each answer is worth 1 point; no partial credit.

1. achèterais
2. mettrait
3. travailleraient
4. inviteriez
5. voyagerais
6. irait
7. ferions
8. s'amuseraient
9. finirais
10. prendrait
11. deviendraient
12. construirions
13. faudrait
14. continuerait
15. voudriez

Exercices de révision

I. Soyons plus polis!
1. Je voudrais parler à M. Imbert.
2. Pourriez-vous m'indiquer son adresse?
3. Sauriez-vous où il est allé?
4. Nous voudrions vous demander un service.
5. Auriez-vous le temps de me parler?
6. Je serais content de lui téléphoner.
7. Pourrais-tu dîner avec nous ce soir?
8. Françoise et moi, nous voudrions bien y aller avec vous.

II. Quels conseils donneriez-vous?
1. A ta place, je me coucherais plus tôt.
2. A ta place, je ne prendrais pas de frites.
3. A ta place, je n'irais pas dans les grands magasins.
4. A sa place, j'apprendrais le français.
5. A ta place, je consulterais un médecin.
6. A votre place, je dînerais au restaurant.
7. A leur place, j'achèterais une maison.
8. A sa place, j'irais voir le prof.
9. A ta place, je prendrais des cachets d'aspirine.
10. A votre place, j'inviterais mes meilleurs amis.
11. A ta place, je ne lui donnerais pas d'argent.

III. Si vous pouviez choisir?
1. Je dînerais...
2. Je choisirais...
3. Je chosiriais...
4. Je prendrais...
5. Je commanderais...
6. Je mangerais...
7. Je choisirais...
8. Je prendrais...
9. Je laisserais...

Each answer is worth 1 point; no partial credit.

1. voudrais
2. ferions
3. inviterait
4. serait
5. aurait
6. aimerais
7. mettraient
8. apporterions
9. passeriez
10. apprendrions
11. écouterais
12. serait

MISE AU POINT 8: Les verbes pronominaux

Test | Total number of points: 24
| Passing score: 19

Each answer is worth 1 point; no partial credit.

1. se lèvent
2. s'habille
3. se rase
4. se réveillent
5. se préparent
6. va se retrouver
7. vont se promener
8. vont s'amuser
9. vont se détendre
10. se sont levés
11. s'est irrité
12. se sont promenés

13. se sont parlé
14. s'est couché
15. me lève
16. te lèves
17. nous amusons
18. nous sommes retrouvés
19. nous sommes acheté
20. nous sommes arrêtés
21. me suis mis(e)
22. me suis reposé(e)
23. nous sommes couché(e)s
24. vous êtes amusé(e)

Exercices de révision

I. La routine
1. Mon père se réveille de très bonne heure.
2. Mon frère ne se dépêche jamais le matin.
3. Je me lave la tête tous les matins.
4. Ma sœur et ma mère se maquillent toujours avant de sortir.
5. Mon père ne se rase pas parce qu'il a une barbe.
6. Mes parents s'embrassent souvent.
7. Mes parents ne se disputent jamais.
8. Nous nous couchons vers minuit.
9. Mon père s'endort souvent devant la télé.
10. Nous nous reposons le soir.

II. Pourquoi pas?
1. Parce qu'il s'est occupé des enfants hier.
2. Parce qu'ils se sont baignés hier.
3. Parce qu'elle s'est lavé la tête hier.
4. Parce qu'il s'est coupé les cheveux hier.
5. Parce que nous nous sommes retrouvés pour le déjeuner hier.
6. Parce qu'elles se sont téléphoné hier.
7. Parce que je me suis couché(e) de bonne heure hier.
8. Parce que je me suis reposé(e) hier.

III. Des questions
1. ... tu t'es réveillé(e)...
2. ... ils se sont promenés...
3. ... vous vous êtes parlé...
4. ... elle s'est inquiétée...
5. ... vous vous êtes retrouvé(e)s...
6. ... ils se sont téléphoné...
7. ... tu t'es promené(e)...
8. ... vous vous êtes amusé(e)(s)
9. ... elles se sont parlé...
10. ... vous vous êtes vu(e)s...

Repêchage

| Total number of points: 16 |
| Passing score: 13 |

Each answer is worth 1 point; no partial credit.

1. s'est dépêchée
2. nous sommes téléphoné
3. me lève
4. vous levez
5. va se servir
6. se sont fiancés
7. m'inquiète
8. nous sommes reposé(e)s
9. vous êtes arrêté(e)(s)
10. t'es acheté
11. nous sommes renseigné(e)s
12. s'habille
13. va se retrouver
14. s'est trompée
15. t'es lavé
16. vous voyez souvent

MISE AU POINT 9: L'infinitif et le subjonctif avec les expressions de nécessité

Test

| Total number of points: 18 |
| Passing score: 14 |

Items 3 and 4 are worth 1 point each; no partial credit. The other items are worth 2 points each (1 point, if the subjunctive form is incorrect).

1. parliez
2. prenne
3. faire
4. finir
5. ailles
6. ayons
7. soit
8. attendes
9. fassent
10. sorte

Exercices de révision

I. Le présent du subjonctif

1. arrives
2. choisissions
3. attende
4. parte
5. soyez
6. ayons
7. aille
8. alliez
9. prennes
10. fassent
11. soit
12. preniez
13. ait
14. répondes
15. écoutiez

II. Un semestre en France

1. Il faut aller... / Oui, il faut que tu ailles...
2. Il est important de faire... / Oui, il est important que vous fassiez...
3. Il est nécessaire de visiter... / Oui, il est nécessaire qu'elle visite...
4. Il vaut mieux rester... / Oui, il vaut mieux qu'ils restent...
5. Il est essentiel d'être... / Oui, il est essentiel que vous soyez...
6. Il faut apprendre... / Oui, il faut que tu apprennes...

Repêchage

> Total number of points: 18
> Passing score: 14

Items 1 and 6 are worth 1 point each; no partial credit. The other items are worth 2 points each (1 point, if the subjunctive form is incorrect).

1. sortir
2. réponde
3. parlions
4. partes
5. aille

6. faire
7. soit
8. réussissiez
9. prennes
10. fassent

MISE AU POINT 10: L'infinitif et le subjonctif avec les expressions d'émotion

Test

> Total number of points: 16
> Passing score: 13

Items 3, 4, 6, 7 are worth 1 point each. The other items are worth 2 points (1 point if you used the subjunctive, 1 point if you spelled it correctly).

1. sois
2. puissiez
3. faire
4. aller
5. viennent

6. aider
7. faire
8. aies
9. alliez
10. veuillent

Exercices de révision

I. On réagit
1. Nous *(expression of emotion)* que vous réussissiez à vos examens.
2. Je *(expression of emotion)* que tu manges bien.
3. Elle *(expression of emotion)* qu'il maigrisse.
4. Je *(expression of emotion)* qu'elle puisse nous accompagner.
5. Ils *(expression of emotion)* que j'aie des bonnes notes.
6. Tu *(expression of emotion)* que nous soyons patients?
7. Il *(expression of emotion)* qu'elles veuillent étudier le chinois.
8. Je *(expression of emotion)* que tu saches la vérité.
9. Nous *(expression of emotion)* qu'il soit malade.
10. Elle *(expression of emotion)* que je ne veuille pas visiter Paris.
11. Il *(expression of emotion)* que vous sortiez souvent.
12. Je *(expression of emotion)* que nous voyions nos parents très rarement.
13. Ils *(expression of emotion)* que nous fassions des progrès.

II. Nous sommes contents
1. Nous sommes soulagés que cet appartement soit très grand.
2. Je suis déçu(e) que Marie ne sache pas nager.
3. Mes parents sont heureux de déménager en Floride.
4. Je ne suis pas content(e) que les enfants veuillent sortir ce soir.
5. Nous sommes soulagés de ne pas avoir de problèmes.
6. Elle est triste de quitter le quartier.
7. Mes parents sont ravis que je devienne professeur de français.
8. Tu regrettes de rentrer en France?

| Total number of points: 21 |
| Passing score: 17 |

Items 2, 11, 12 are worth 1 point each. The other items are worth 2 points (1 point if you used the subjunctive, 1 point if you spelled it correctly).

ait / avoir / soit / se trouve / puisse / voulions / aide / fassent / habitions / voie / habiter / commencer

MISE AU POINT 11: L'infinitif et le subjonctif avec les expressions de volonté

Test

| Total number of points: 20 |
| Passing score: 16 |

Items 1, 3, 6, 7 = 1 point for each correct answer. Items 2, 4, 5, 8 = 1 ½ points for each perfect answer, 1 point if the subjunctive form is not correct. Items 9, 10, 11, 12 = 2 points for each perfect answer, 1 ½ points if the subjunctive form is not correct

1. partir
2. prennes
3. rester
4. regardiez
5. soient
6. avoir
7. faire
8. trouviez
9. Elle veut que nous attendions.
10. Mais je ne veux pas attendre.
11. Je veux déjeuner au restaurant.
12. Mes parents préfèrent que nous déjeunions à la maison.

Exercices de révision

I. Les différends
1. aller / repasse
2. fasse / être / avoir
3. prendre / prenions
4. attende / partir
5. allions / aller
6. vienne / rendiez

II. Traduisez!
1. Je veux arriver à l'heure.
2. Elle veut que nous arrivions à l'heure.
3. Nous voulons partir tout de suite.
4. Ils (Elles) ne veulent pas partir.
5. Je préfère y aller à pied.
6. Elle ne veut pas que j'y aille à pied.
7. Ses parents veulent qu'elle se couche.
8. Elle ne veut pas se coucher.
9. Elle préfère que nous fassions autre chose.
10. Je ne veux pas faire autre chose.

Repêchage

| Total number of points: 20 |
| Passing score: 16 |

Items 3, 5, 6, 8 = 1 point for each correct answer. Items 1, 2, 4, 7 = 1 ½ points for each perfect answer, 1 point if the subjunctive form is not correct. Items 9, 10, 11, 12 = 2 points for each perfect answer, 1 ½ points if the subjunctive form is not correct.

1. dînions
2. allions
3. regarder
4. ne prenions pas
5. savoir
6. voyager
7. soient
8. payer
9. Elle ne veut pas que j'aille en Italie.
10. Elle préfère que j'aille en Espagne.
11. Georges veut être artiste-peintre.
12. Ses parents veulent qu'il fasse médecine.

MISE AU POINT 12: L'indicatif et le subjonctif avec les expressions de certitude et de doute

Test | Total number of points: 20
Passing score: 16

Each answer is worth 2 points — 1 point for choice of indicative or subjunctive, 1 point for correct spelling.

1. aille
2. est
3. sont
4. vienne
5. soient

6. ne fais pas
7. sorte
8. ne connaissons pas
9. n'aiment pas
10. ayons

Exercice de révision

Vous êtes sûrs?
1. Je suis sûr que nous allons trouver un appartement.
2. Mes parents pensent que je vais me marier.
3. Elles doutent que je sois capable de piloter un avion.
4. Il se peut qu'elle fasse des études de droit.
5. Nous sommes certains que nos amis sont encore au Cameroun.
6. Il est impossible qu'elle finisse ses devoirs.
7. Je doute qu'il fasse le ménage.
8. Il est évident que le prof n'a pas corrigé mon examen.
9. Il est douteux que tu sois à l'heure.
10. Mes amis ne pensent pas que je gagne une fortune à la loterie.
11. Il est probable qu'il va faire beau ce week-end.
12. Il est certain que le train est déjà parti.

Repêchage | Total number of points: 20
Passing score: 16

Each answer is worth 2 points — 1 point for the correct choice of indicative or subjunctive, 1 point for correct spelling of the verb. Since you are asked to invent your own sentences, the answers provided below deal only with the verb part of the sentence.

1. qu'elle accompagne (qu'elle va accompagner)...
2. que vous arriviez...
3. que j'aille...
4. qu'ils font (qu'ils vont faire)...
5. que nous ne déménageons pas...
6. que je sorte...
7. que nous ayons...
8. que tu sois...
9. que vous oubliez (que vous allez oublier)...
10. qu'elles viennent...

MISE AU POINT 13: Les articles définis, indéfinis et partitifs

Test
Total number of points: 24
Passing score: 19

Each answer is worth 1 point. What is most important in this test is your *choice* of article. If you made a gender error, correct it but don't take off any points.

des cartes / un stylo / de stylo / la papeterie / une (la) bijouterie / un bracelet / des boucles d'oreille / un jouet / les jeux vidéo / un ballon de foot / Les petits garçons / le football / la musique / des disques compacts / une cassette / un blouson / du café / de la confiture / des fruits / de la glace / des biscuits / de glace / de biscuits / le magasin de sport

Exercices de révision

I. J'aime... , je n'aime pas...
1. du pâté / pas de pâté / le pâté
2. du café / pas de café / le café
3. du jambon / pas de jambon / le jambon
4. de la soupe / pas de soupe / la soupe
5. de l'eau minérale / pas d'eau minérale / l'eau minérale

II. Vous désirez?
1. du thé / un thé au citron
2. des fruits / une banane et une orange
3. des pâtisseries / un éclair et une tartelette aux pommes
4. du pain / une baguette et un pain de campagne
5. du café / un café au lait

III. Vous aimez... ?
1. les pâtisseries / les pâtisseries / des pâtisseries / une tarte aux pommes et un gâteau au chocolat
2. les pâtisseries / les pâtisseries / des pâtisseries / une religieuse et une tartelette aux fraises
3. l'eau minérale / l'eau minérale / de l'eau minérale / une bouteille de Vittel et une bouteille de Perrier
4. le pain / le pain / du pain / un pain au chocolat et un petit pain

Repêchage
Total number of points: 24
Passing score: 19

Each answer is worth 1 point. What is most important in this test is your *choice* of article. If you made a gender error, correct it but don't take off any points.

le petit déjeuner / Du café / du thé / pas de café / le thé / un croissant / du beurre / de la confiture / du (un) jus d'orange / le petit déjeuner / des œufs / du bacon / des saucisses / de croissants / le toast / les céréales / les céréales / des céréales / le lait / du jus / du café / un très grand repas / des difficultés / une question

MISE AU POINT 14: Les adjectifs possessifs et démonstratifs

Test | Total number of points: 24
| Passing score: 19

Each answer is worth 2 points — 1 point for the correct demonstrative adjective and 1 point for the correct possessive adjective.

1. ces / ses
2. cette / ta
3. cet / notre
4. ce / son

5. cette / ma
6. ces / vos
7. ce / ton
8. ce / mon

9. ces / leurs
10. cette / leur
11. cet / son
12. ces / leurs

Exercices de révision

I. C'est à qui?
1. son cahier
2. sa chambre
3. sa chambre
4. ses clés
5. ses clés

6. leurs clés
7. leur chambre
8. son amie
9. son amie
10. ses amis

II. A qui est... ?
1. son cahier
2. notre voiture
3. leurs chiens
4. mon vélo
5. ton appareil-photo

6. leur maison
7. vos clés
8. ma chambre
9. ses livres
10. sa lampe

III. C'est combien?
1. Il est combien, ce walkman?
2. Elle est combien, cette bouteille de Perrier?
3. Il est combien, ce disque?
4. Ils sont combien, ces stylos?
5. Elle est combien, cette voiture?
6. Ils sont combien, ces livres?
7. Il est combien, ce gâteau?

8. Elle est combien, cette vidéo?
9. Il est combien, ce sac?
10. Elles sont combien, ces pommes?
11. Elle est combien, cette chemise?
12. Elles sont combien, ces cassettes?
13. Il est combien, ce bracelet?
14. Il est combien, ce jeu vidéo?

IV. Lequel?
1. Cette calculatrice-ci.
2. Ce portefeuille-là.

3. Ces fruits-là.
4. Ces pâtisseries-ci.

5. Ce magazine-ci.
6. Cette voiture-là.

Repêchage | Total number of points: 24
| Passing score: 19

Each answer is worth 2 points — 1 point for each correct demonstrative adjective and 1 point for each correct possessive adjective.

1. cette / ma
2. ce / son
3. ces / leurs
4. ce / ton

5. ces / nos
6. ces / ses
7. cet / son
8. ce / notre

9. cette / ta
10. ces / leurs
11. ce / votre
12. cette / son

MISE AU POINT 15: L'accord et la place des adjectifs

Test | Total number of points: 40 |
| Passing score: 32 |

Each adjective is worth 2 points — 1 point for correct agreement, 1 point for correct placement.

1. C'est une belle maison traditionnelle.
2. C'est une jeune personne sportive.
3. C'est une nouvelle auto japonaise.
4. Ce sont des vieux livres intéressants.
5. C'est un long voyage ennuyeux.
6. Ce sont des vieilles églises gothiques.
7. Ce sont des petits garçons français.
8. Ce sont des bons hôtels modernes.
9. C'est une autre leçon intéressante.
10. C'est un bon ami fidèle.

Exercices de révision

I. Au féminin
1. facile
2. active
3. française
4. petite
5. verte
6. première
7. naïve
8. bonne
9. canadienne
10. délicieuse
11. blanche
12. vieille
13. nouvelle
14. violette
15. belle
16. suisse
17. fraîche
18. indiscrète
19. naturelle
20. secrète
21. dernière
22. ambitieuse
23. cruelle
24. sportive
25. ennuyeuse
26. mauvaise
27. italienne
28. longue

II. Faisons des phrases
1. C'est une jolie maison blanche.
2. C'est une porte ouverte.
3. C'est une vieille personne malade.
4. C'est une grande ville italienne.
5. Ce sont des jeunes filles studieuses.
6. Ce sont des jeunes étudiants sportifs.
7. Ce sont des nouveaux films américains.
8. C'est un beau vélomoteur allemand.
9. C'est un nouvel appartement moderne.
10. C'est un vieil homme énergique.

Repêchage | Total number of points: 40 |
| Passing score: 32 |

Each adjective is worth 2 points — 1 point for correct agreement, 1 point for correct placement.

1. une fenêtre fermée
2. un bel anorak norvégien
3. une grande chambre spacieuse
4. un jeune homme gentil
5. une belle femme intelligente
6. un nouveau professeur français
7. des longs films russes
8. des belles maisons traditionnelles
9. une mauvaise note
10. une femme discrète
11. une autre famille anglaise
12. un vieil hôtel

MISE AU POINT 16: Le comparatif et le superlatif

Test

Total number of points: 22
Passing score: 18

Items 1–4: Each sentence is worth 1 point. The comparative structure must be exactly correct; no partial credit.
Items 5–9: Each sentence is worth 2 points — 1 point for the correct choice of the superlative, 1 point for the correct spelling and placement.

1. a. Georges est aussi optimiste que son père.
    b. Georges est moins optimiste que son amie.
    c. Georges est plus optimiste que sa mère.
2. a. Marie travaille mieux que moi.
    b. Marie travaille moins bien que toi.
    c. Marie travaille aussi bien que ses amis.
3. a. Mes notes sont moins bonnes que tes notes.
    b. Mes notes sont meilleures que les notes de Pierre.
    c. Mes notes sont aussi bonnes que les notes de Micheline.
4. a. Ils ont plus de disques que nous.
    b. Ils ont moins de disques que mes parents.
    c. Ils ont autant de disques que Marie.
5. Gilbert est l'étudiant le plus intelligent de la classe.
6. Yves étudie le moins sérieusement de la classe.
7. Gilbert travaille le plus sérieusement de la classe.
8. Louis est le moins bon en mathématiques de la classe.
9. Sylvie est la meilleure en mathématiques de la classe.

Exercices de révision

I. Des comparaisons
1. Nous aimons mieux les films italiens que les films français.
2. Ces pommes sont moins bonnes que ces poires.
3. Simone a autant de tact que toi.
4. Françoise chante le mieux de toute la famille.
5. J'ai moins de posters que mon frère.
6. Cette tarte-ci est aussi bonne que cette tarte-là.
7. Philippe est le moins bon joueur de tennis de la famille.
8. Annie est moins pessimiste que nous.
9. Yves est l'étudiant le plus intelligent de la classe.
10. Sylvie comprend aussi vite que toi.

II. Qui a plus d'argent?
1. Angèle a moins d'argent que Simone.
2. Michel est moins riche que Simone.
3. Marc est le plus riche de tous.
4. Simone a plus d'argent qu'Arlette.
5. Gilles a le moins d'argent de tous.
6. Janine a autant d'argent que Michel.
7. Jacques est moins riche que Patricia.
8. Michel est plus riche que Jacques.

Repêchage

> Total number of points: 34
> Passing score: 27

Items 1–4: Each sentence is worth 1 point. The comparative structure must be exactly correct; no partial credit.
Items 5–9: Each sentence is worth 2 points — 1 point for the correct choice of the superlative, 1 point for the correct spelling and placement.

1. a. Marie-Jeanne est moins fatiguée que moi.
   b. Marie-Jeanne est plus fatiguée que son frère.
   c. Marie-Jeanne est aussi fatiguée que ses parents.
2. a. Nancy parle mieux le français que sa mère.
   b. Nancy parle moins bien le français que son prof.
   c. Nancy parle aussi bien le français que son amie.
3. a. M. Dupont est meilleur pilote que son frère.
   b. M. Dupont est moins bon pilote que son amie.
   c. M. Dupont est aussi bon pilote que Mlle Fériot.
4. a. J'ai autant de livres que toi.
   b. J'ai moins de livres que Marcel.
   c. J'ai plus de livres que vous.
5. Janine est la plus grande étudiante de la classe.
6. Paul est l'étudiant le moins studieux de la classe.
7. Tu es l'étudiant le plus sportif de la classe.
8. Hervé est le meilleur étudiant de la classe.
9. Francine parle français le mieux de tous.

MISE AU POINT 17: Les adverbes de temps (1)

Test

> Total number of points: 13
> Passing score: 10

Items 1, 3, 4, 8 are worth 1 point each. All other items are worth 1 ½ points if the form is exactly correct, but only 1 point if there is an error of agreement.

1. hier soir
2. l'année prochaine
3. aujourd'hui
4. le lundi
5. l'année dernière
6. la semaine prochaine
7. mercredi dernier
8. demain soir
9. cet après-midi
10. le mois dernier

Exercices de révision

I. Les expressions de temps

1. ce
2. cet
3. cette
4. ce
5. cette
6. prochaine
7. dernière
8. prochain
9. dernière
10. prochaine
11. dernier
12. le
13. X
14. le
15. X

II. L'emploi du temps des Savary

1. aujourd'hui
2. ce soir
3. La semaine dernière
4. La semaine prochaine
5. Hier matin
6. Samedi dernier
7. Le mardi
8. Hier soir
9. Demain soir
10. Hier après-midi
11. le samedi matin
12. vendredi dernier
13. Demain matin
14. L'année prochaine
15. cette semaine
16. le mois dernier
17. samedi après-midi

Repêchage

| Total number of points: 13 |
| Passing score: 10 |

Items 1, 5, 7, 8 are worth 1 point each. All other items are worth 1 ½ points if the form is exactly correct, and 1 point if there is an error of agreement.

1. ce soir
2. lundi dernier
3. l'année dernière
4. demain après-midi
5. aujourd'hui
6. l'année prochaine
7. hier (lundi, mardi, etc.) matin
8. le dimanche
9. mois prochain
10. la semaine dernière

MISE AU POINT 18: Les expressions négatives *ne... pas, ne... jamais, ne... rien, ne... personne, ne... pas encore, ne... plus*

Test

| Total number of points: 16 |
| Passing score: 13 |

Each answer is worth 1 point; no partial credit.

1. Personne ne m'a téléphoné.
2. Le mécanicien n'a pas encore réparé la voiture.
3. Ses parents ne sortent jamais le soir.
4. Il n'est jamais le premier dans sa classe de français.
5. Nous n'avons rien fait cette semaine.
6. Elles n'ont parlé à personne ce matin.
7. Je n'ai pas encore parlé à mon professeur.
8. Elle ne va rien faire demain soir.
9. Rien ne m'intéresse.
10. Tu n'as pas encore parlé à ta tante?
11. Il n'est plus malade?
12. Nous n'allons pas au festival de Cannes.
13. Je n'ai vu personne devant la banque.
14. Elle ne veut rien boire.
15. Nous n'avons plus faim.
16. Je ne vais pas avoir une bonne note à l'examen de français.

Exercices de révision

I. Les expressions négatives
1. Rien. Je ne cherche rien.
2. Rien. Il n'a rien acheté.
3. Rien. Elle n'a rien dit.
4. Rien. Je n'ai rien fait.
5. Rien. Nous n'avons rien (Je n'ai rien) mangé.
6. Rien. Ils ne veulent rien.
7. Personne. Je n'attends personne.
8. Personne. Nous n'avons vu personne. (Je n'ai vu personne.)
9. Personne. Elle n'a rencontré personne.
10. Personne. Ils n'ont invité personne.
11. A personne. Je n'ai téléphoné à personne.
12. A personne. Nous n'avons parlé (je n'ai parlé) à personne.

II. Jacques a le cafard
1. Non, il ne voit plus sa petite amie Nicole.
2. Non, il ne va jamais au cinéma.
3. Non, il ne fait rien le week-end.
4. Non, il ne parle à personne.
5. Non, il ne s'intéresse à rien.
6. Non, personne ne lui téléphone.
7. Non, il ne téléphone à personne.
8. Non, il ne fait jamais (plus) ses devoirs.
9. Non, il n'a pas encore parlé à ses professeurs.

III. Au bureau de poste
1. Non, je n'attends personne.
2. Non, je n'ai besoin de rien.
3. Non, je ne veux rien acheter.
4. Non, je n'ai pas encore acheté de timbres.
5. Non, je ne veux téléphoner à personne.
6. Non, personne ne va me téléphoner.
7. Non, je n'ai rien à envoyer.
8. Non, on ne m'a rien envoyé.
9. Non, je ne passe jamais l'après-midi aux bureaux de poste.

Repêchage

| Total number of points: 28 |
| Passing score: 22 |

Each answer is worth 2 points — 1 point for the correct negative expression and 1 point for the correct placement in the sentence.

1. Nous n'allons jamais au théâtre avec nos enfants.
2. Je n'ai pas beaucoup d'argent à la banque.
3. Mes amis ne sont pas encore arrivés.
4. Est-ce que tu ne participes plus au club de français?
5. Je ne mange jamais beaucoup pour le petit déjeuner.
6. Vous n'avez pas encore fini?
7. Il n'est pas très gentil.
8. Je ne suis plus jeune.
9. Personne ne m'attend.
10. Rien n'est arrivé.
11. Je n'ai rien vu.
12. Rien ne s'est passé.
13. Nous n'avons parlé à personne.
14. Il n'a rien oublié.

MISE AU POINT 19: Les ponoms personnels

Test

| Total number of points: 40 |
| Passing score: 32 |

Correct pronoun in the correct place = 2 points. Correct pronoun in the wrong place = 1 point.
Incorrect pronoun (even if the position is correct) = 0 points.

1. elle m'a téléphoné...
2. Je vous attends...
3. je la vois...
4. ils te regardent...
5. je ne peux pas vous accompagner.
6. nous lui avons parlé...
7. nous nous sommes trompés...
8. ils viennent me chercher...
9. je peux les garder...
10. je dois lui téléphoner...

11. je ne me lève pas...
12. je leur écris...
13. ils ne nous ont pas trouvés.
14. je l'ai rencontrée...
15. je leur ai préparé...
16. Je veux t'envoyer...
17. Levez-vous...
18. donne-moi...
19. ne lui téléphone pas... (ne lui téléphonez pas)
20. Ne te dépêche pas

Exercices de révision

I. Direct ou indirect?
1. Oui, je la connais.
2. Non, je ne lui ai pas téléphoné.
3. Oui, je lui ai donné...
4. Oui, je les vois (nous les voyons)...
5. Non, je ne l'attendais pas.
6. Oui, je lui ai envoyé...
7. Non, je ne leur ai pas écrit (nous ne leur avons pas écrit).
8. Oui, je la retrouverai...
9. Oui, je leur montrerai...
10. Non, je ne les ai pas rencontrés (nous ne les avons pas rencontrés)...

II. Les pronoms compléments
2. Elle me cherchait
3. Ils m'ont vu(e).
4. Il refuse de me regarder.
6. Il nous a téléphoné
7. Ils voudraient nous voir.
8. Elles nous retrouveront...
10. Nous avons besoin de lui parler.
11. Je voudrais le voir.
12. Elle ne lui a pas parlé.
14. Nous lui téléphonerons.
15. Tu ne la connais pas.
16. Ils ont envie de la revoir.
18. Je les ai rencontré(e)s...
19. Tu peux les attendre ici.

20. Je leur ai envoyé...
22. Je t'ai envoyé...
23. J'espère te revoir...
24. Je te dirai...
26. Je vous ai apporté...
27. Je vous connais
28. Je suis surpris(e) de vous voir
30. Attends-moi!
31. Lève-toi!
32. Ne me téléphone pas...!
34. Dépêchez-vous!
35. Ne nous (me) cherchez pas !
36. Ne vous levez pas!

III. Des mini-dialogues

1. Il t'attend depuis une demi-heure. / Il m'attend depuis une demi-heure?
2. Il veut vous parler tout de suite. / Il veut nous parler tout de suite?
3. Oui, elle nous a envoyé un télégramme hier soir. / Elle vous a envoyé un télégramme hier soir?
4. Non, elle ne m'a pas écrit depuis deux mois. / Elle ne t'a pas écrit depuis deux mois?
5. Je ne peux pas te donner un coup de main, mais je t'expliquerai pourquoi plus tard.
6. Nous ne pouvons pas vous donner un coup de main, mais nous vous téléphonerons demain matin.
7. Non, je ne l'ai pas revue depuis la soirée chez les Guinard. / Mais tu lui as envoyé une carte pour son anniversaire, non?
8. Non, nous ne leur avons pas parlé (je ne leur ai pas parlé) depuis longtemps. / Mais vous les avez rencontrés chez Henri en juillet, non?

Repêchage

| Total number of points: 40 |
| Passing score: 32 |

Correct pronoun in the correct place = 2 points. Correct pronoun in the wrong place = 1 point. Incorrect pronoun (even if the position is correct) = 0 points.

1. Je ne peux pas les trouver.
2. Il veut me parler.
3. Je t'expliquerai (t'explique, je vais t'expliquer)...
4. je lui montrerai...
5. il va nous dire...
6. Je le vois...
7. Je ne me couche jamais...
8. Elle a l'intention de leur téléphoner...
9. Ils ne m'écrivent jamais.
10. Je ne la connais pas.
11. je lui ai demandé...
12. Nous nous entendons bien.
13. Je vous ai vu... (Je t'ai vu...)
14. Je leur écris...
15. Je te (vous) cherche...
16. Je vous attends...
17. Montre-moi...
18. Ne vous disputez pas!
19. Dépêche-toi!
20. Ne l'attends pas. (Ne l'attendez pas.)

MISE AU POINT 20: Les pronoms *le, la, les, y* et *en*

Test

| Total number of points: 36 |
| Passing score: 29 |

Correct pronoun in the correct place = 2 points. Correct pronoun in the wrong place = 1 point. Incorrect pronoun (even if the position is correct) = 0 points.

1. Je les adore.
2. Ils l'ont achetée...
3. nous voulons y aller...
4. j'en ai besoin.
5. Ils y vont...
6. Nous n'en avons pas.
7. Je ne l'ai pas vu.
8. J'en ai...
9. J'y ai passé...
10. je voudrais (veux) bien la voir.
11. Je n'en bois jamais.
12. J'y ai oublié...
13. Je ne la regarde pas...
14. Ils en ont acheté beaucoup.
15. Prends-en!
16. Ne les cassez pas!
17. Allons-y!
18. Achète-la...

Exercices de révision

I. Direct ou indirect?

1. les	6. y	11. y
2. y	7. la	12. les
3. l'	8. en	13. en
4. en	9. en	14. le
5. y	10. la	15. en

II. Maman, on peut... ?

1. ne la prends pas / Je n'en ai plus
2. j'en ai acheté une demi-douzaine / Prenez-en
3. vas-y / n'y reste pas
4. ne les achetez pas / Les légumes y coûtent
5. Tu en as déjà un / Nous l'avons acheté

III. Une lycéenne

1. J'en prends dix ou onze.
2. J'en ai beaucoup...
3. Je les fais...
4. J'y arrive...
5. Je le prends...
6. J'en rentre...
7. J'en parle deux...
8. Oui, j'y ai passé...
9. Non, mais j'espère y aller...
10. Oui, j'ai l'intention d'en faire...
11. Non, je ne vais pas en prendre...
12. Je ne m'y intéresse pas vraiment.

Repêchage

> Total number of points: 36
> Passing score: 29

Correct pronoun in the correct place = 2 points. Correct pronoun in the wrong place = 1 point.
Incorrect pronoun (even if the position is correct) = 0 points.

1. les ai achetées
2. espèrent y aller
3. j'en ai deux
4. allons le voir
5. y vont
6. l'adore
7. en ai déjà pris
8. en ai
9. veux la montrer
10. n'y va jamais
11. avons l'intention d'y passer
12. n'en ai pas besoin
13. y ai perdu
14. les ai vus
15. Donne-le
16. n'y réponds pas (n'y répondez pas)
17. Apporte-les (Apportez-les)
18. Prends-en (Prenez-en

MISE AU POINT 21: Les questions d'information; les pronoms interrogatifs *qui* et *que*

Test

> Total number of points: 15
> Passing score: 12

Each answer is worth 1 point; ½ point if you write **que** instead of **qu'**.

1. Combien de
2. Qui
3. Est-ce qu'elle a peur/ A-t-elle peur
4. Qu'est-ce qu'
5. Où
6. Qu'est-ce qui
7. Quand est-ce qu'
8. Qui
9. Est-ce que
10. Qu'est-ce qu'
11. Comment
12. Qui
13. Que
14. Pourquoi est-ce que
15. Qui est-ce que

Exercices de révision

I. Faisons connaissance!

1. Combien de frères et de sœurs est-ce que tu as?
   Combien de frères et de sœurs as-tu?
2. Est-ce que tu habites près du centre-ville?
   Habites-tu près du centre-ville?
3. Quand est-ce que tu as commencé à apprendre le français?
   Quand as-tu commencé à apprendre le français?
4. Où est-ce qu'elle travaille?
   Où travaille-t-elle?
5. Comment est-ce qu'elle va à son travail?
   Comment va-t-elle à son travail?
6. Est-ce qu'elle a beaucoup de temps libre?
   A-t-elle beaucoup de temps libre?

II. Un professeur mécontent

1. Qui
2. Qui
3. Qui
4. Qui est-ce que
5. Qui
6. Qui est-ce qu'
7. Qu'est-ce que
8. Qu'est-ce qui
9. Qu'est-ce qu'
10. Que
11. Qu'est-ce que
12. Qu'est-ce qui

III. Raid en Nouvelle-Zélande

1. Quand est-ce que vous avez (Quand avez-vous) fait ce raid?
2. Combien de personnes est-ce qu'il y avait (y avait-il)?
3. Qui est-ce que tu accompagnais? (Qui accompagnais-tu?)
4. Pourquoi est-ce que vous étiez (Pourquoi étiez-vous) un peu tristes?
5. Où est-ce que vous êtes (Où êtes-vous) allés d'abord?
6. Comment est-ce que vous avez (Comment avez-vous) voyagé?
7. Qu'est-ce que vous aviez (Qu'aviez-vous) dans vos sacs?
8. Qu'est-ce qui vous a impressionné le plus?
9. Qui a filmé le voyage?
10. Est-ce que vous aimeriez (Aimeriez-vous) y retourner un jour?

Repêchage

Total number of points: 15
Passing score: 12

Each answer is worth 1 point; ½ point if you write **que** instead of **qu'**.

1. Où est-ce que
2. Qu'est-ce que
3. Pourquoi
4. Est-ce qu'il va / Va-t-il
5. Que
6. Qui
7. Combien de
8. Qu'est-ce qui
9. Comment est-ce qu'
10. Est-ce que vous avez/Avez-vous
11. Où
12. Qu'est-ce que
13. Qui est-ce qu'
14. Quand est-ce que
15. Qui

MISE AU POINT 22: Les adverbes de temps (2)

Test | Total number of points: 20
Passing score: 16

Each answer is worth 1 point. An answer is incorrect if it does not indicate a correct time frame or if the activity for a certain time is incorrect. If you've misspelled something, simply make the corrections without taking off any points.

1. Ill est allé au cours d'espagnol avant le déjeuner avec Monique.
2. Il est allé à la piscine.
3. Non, il a retrouvé Eric après être allé à la piscine.
4. Il a passé un examen d'espagnol.
5. Il a déjeuné avec Michel.
6. Il est allé au centre commercial.
7. Non, d'abord il a préparé ses skis et ensuite il a fait ses valises.
8. D'abord il a téléphoné à Monique, ensuite il a envoyé des cartes postales, et après il a fait du ski.
9. Il va faire des courses.
10. Il va amener Suzie chez le médecin.
11. Il va faire du ski avec Monique et il va dîner avec elle.
12. D'abord il va acheter des souvenirs.
13. Ensuite il va aller à la bijouterie.
14. Le soir il va dîner à la maison avec Monique.
15. Non. Il voit Monique souvent.
16. Oui, il va quelquefois au café.
17. Il est allé chez le dentiste deux fois.
18. Non, il ne va pas souvent (il va rarement) à la bibliothèque.
19. Oui, il a passé assez longtemps à Albertville.
20. Oui, il sort assez (très) fréquemment (souvent) le soir.

Exercices de révision

I. L'expansion de la phrase
1. Monique ne sort pas souvent.
2. D'abord, je vais aller à l'épicerie; ensuite (puis) je vais chez le dentiste; enfin (finalement) je vais boire quelque chose.
3. Toi, tu fais les valises; entretemps moi, je cherche les billets.
4. Est-ce que vous êtes déjà allé au centre commercial?
5. Est-ce que nous allons te voir bientôt?
6. Qu'est-ce que tu vas faire après-demain?
7. (Aujourd'hui) Vous allez rendre visite à vos grands-parents aujourd'hui.
8. Il est parti très tôt; il est rentré très tard.
9. Je préfère lui téléphoner plus tard.
10. Il m'a enfin écouté.
11. Après, nous sommes allés au restaurant (après).
12. Elle est toujours en retard.

II. Questions personnelles
Answers will vary.

| Total number of points: 15 |
| Passing score: 12 |

The number of points per sentence is indicated in parentheses after the answer. An answer is incorrect if it does not indicate a correct time frame or if the activity for a certain time is incorrect. If you've misspelled something, simply make the corrections without taking off any points.

1. Non, il est allé à la librairie avant le déjeuner. (1)
2. Il est allé en cours d'espagnol. (1)
3. D'abord (premièrement) il est allé chez le vétérinaire, ensuite (puis) il a déjeuné avec Monique, enfin (finalement) il a eu rendez-vous avec son prof d'espagnol. (3)
4. Non, d'abord il a son cours d'espagnol, ensuite il a son cours de chimie. (1)
5. Non, il est allé au garage après son cours de chimie. (1)
6. D'abord il a téléphoné à Paul, ensuite à Carlos et enfin à Monique. (3)
7. Oui, il est allé chez le dentiste tout de suite après la bibliothèque. (1)
8. Il a acheté un pull l'après-midi. (1)
9. Il est allé chez Paul après le déjeuner. (1)
10. Il est allé au centre commerical. (1)
11. Enfin il est allé au cinéma avec Monique. (1)

MISE AU POINT 23: Quelques prépositions de temps

| Total number of points: 10 |
| Passing score: 8 |

Each answer is worth 1 point; no partial credit

1. dans
2. en
3. il y a
4. pendant
5. pour
6. il y a
7. pendant
8. Dans
9. en
10. pour

Exercices de révision

I. Des distinctions

1. pendant
2. pour
3. pour
4. Pendant
5. pour
6. pendant
7. en
8. Pendant
9. En
10. en
11. Pendant
12. il y a
13. dans
14. Dans
15. il y a
16. dans
17. dans
18. en
19. en
20. en
21. Dans

II. Un séjour au travail

1. Il y a	4. il y a	7. pour
2. pendant	5. en	8. dans
3. en	6. pendant	

Repêchage

> Total number of points: 10
> Passing score: 8

Each answer is worth 1 point; no partial credit.

1. Dans	5. pendant	9. Pour
2. pour	6. en	10. il y a
3. il y a	7. dans	
4. Pendant	8. en	

MISE AU POINT 24: Les mots *et, mais, parce que* et *pour*

Test

> Total number of points: 14
> Passing score: 11

Each answer is worth 1 point; no partial credit.

et / mais / parce que / et / pour / pour / et / pour / Et / et / mais / et / parce que / Mais

Exercices de révision

I. On n'est pas d'accord

1. et	5. parce que / et	9. et
2. Mais / Parce qu'	6. Et / pour	10. Et
3. pour	7. Et	11. parce qu'
4. Et	8. Mais / mais	

II. Liaisons logiques

1. Je vais faire mon doctorat parce que je veux devenir professeur d'université.
2. Pour mon anniversaire, il m'a offert un bracelet, une bague et un pendantif.
3. Pour faire des progrès, il faut beaucoup étudier.
4. Avant de partir, il faut aller chercher les billets et faire les valises.
5. Elle ne peut pas sortir ce soir parce qu'elle n'a pas fini son travail.
6. J'aimerais bien vous accompagner, mais je n'ai pas le temps.
7. Il n'a pas son permis de conduire parce qu'il est trop jeune.
8. Je veux aller au Québec pour étudier la culture québécoise.
9. Je sais ce que vous dites, mais vous n'avez pas raison.
10. Michel et Hélène vont faire des études au Sénégal.

Repêchage

> Total number of points: 15
> Passing score: 12

Each answer is worth 1 point; no partial credit.

et / mais / pour / et / parce que / et / et / mais / et / mais / et / pour / pour / Et / parce que